Jacob Christian Schäffer

Die bequeme und höchstvortheilhafte Waschmaschine

Jacob Christian Schäffer

Die bequeme und höchstvortheilhafte Waschmaschine

ISBN/EAN: 9783742894229

Hergestellt in Europa, USA, Kanada, Australien, Japan

Cover: Foto ©Andreas Hilbeck / pixelio.de

Manufactured and distributed by brebook publishing software
(www.brebook.com)

Jacob Christian Schäffer

Die bequeme und höchstvortheilhafte Waschmaschine

Die bequeme und höchstvortheilhafte Waschmaschine.

Wie solche
in den damit gemachten Versuchen
bewährt gefunden
und
damit dieselbe um so sicherer und nützlicher gebraucht werden könne
hin und wieder
abgeändert und verbessert
worden
von

D. Jacob Christian Schäffern.

Nebst einer Kupfertafel.

Regensburg, gedruckt bey Heinrich Gottfried Zunkel, 1766.

Aufgabe.

Wie ist die Wäsche, unter folgenden Bedingungen, rein, gut und weiß zu waschen?

1) Ohne Lauge. 2) Ohne heiß Wasser. 3) Ohne eigen Holz und Feuer, ja zu gewissen Zeiten ohne alles Holz und Feuer. 4) Ohne Waschkessel. 5) Ohne Waschtrog. 6) Ohne Waschgeschirr. 7) Ohne grosse und fast gar keine Zubereitung. 8) Ohne Waschweib. 9) Ohne, daß man die Wäsche, und daß gewaschen wird, siehet und gewahr werden kann. 10) Ohne, daß die Wäsche beym Waschen von einer menschlichen Hand berühret werde. 11) Ohne, daß die Wäsche gerieben, gebleuet, geschlagen, oder auf dergleichen Art, behandelt werde. 12) Ohne, daß man zum Waschen einen grössern Platz oder Raum nöthig habe, als eine Elle ins Gevierte. 13) Ohne, daß der Platz, wo gewaschen wird, im mindesten naß gemacht werde. 14) Ohne, daß man beym Waschen im Winter friere, und im Sommer schwitze. 15) Ohne, daß die Wäsche mehr, als einmal, und dieses auf die wenigste Art, eingeseifet werden dürfe. Und endlich vornämlich 16) daß jedes Waschen in Zeit von nicht gar einer viertel Stunde geschehen und vorbey sey.

Antwort.

Wasche die Wäsche, vorgeschriebenermassen, in der Waschmaschine.

Der

Durchlauchtigsten

Fürstin und Frau

Frau

CAROLINE LOUYSE

regierenden Marggräfin zu Baadendurlach

und Hochberg ꝛc.

gebohrnen Landgräfin zu Hessen

und

Fürstin zu Herßfeld

ꝛc. ꝛc.

Meiner gnädigsten Marggräfin, Fürstin und Frau!

Durchlauchtigste Marggräfin,

Gnädigste Fürstin und Frau!

Die erhabensten Eigenschaften, welche Eure Marggräfliche Durchlaucht zum Gegenstande einer allgemeinen ehrfurchtsvollen Bewunderung machen, werden dadurch noch mehr erhaben und verherrlichet, daß Eure Marggräfliche Durchlaucht eine großmüthige Beschützerin und hohe Gönnerin derer sind, welche sich die Aufnahme der Künste und Wissenschaften angelegen seyn lassen.

Ich rechne mich zu dieser Zahl, **Durchlauchtigste Marggräfin!** Und wie glücklich habe ich mich nicht zu schätzen, daß **Eure Marggräfliche Durchlaucht** durch wiederholte Gnadenerweisungen mich Höchstdero unschätzbaresten Wohlgefallens an meinen geringen Bemühungen zu versichern huldreichst geruhet haben.

Ich

Ich glaube es dahero wagen zu dürfen, Eurer Marggräflichen Durchlaucht gegenwärtige Blätter, die das Beste der Landwirthschaft zum Innhalte haben, als ein ehrfurchtvolles Kennzeichen meiner unterthänigen Dankbarkeit, zu Füssen zu legen.

Die Hand der Allmacht lasse Eure Marggräfliche Durchlaucht und Höchstderoselben Herrn Gemahls Hochfürstliche Durchlaucht in stetem Seegen die allerspätesten Zeiten erleben! Sie kröne alle Höchstdero glorreichsten Absichten und Bemühungen mit dem allerglücklichsten Erfolge! Sie lasse das Hochfürstliche Haus Baadendurlach einen Innbegrif der allervollkommensten Wohlfarth und Glückseligkeit seyn!

Mit diesen eifrigsten Wünschen werde ersterben

Durchlauchtigste Marggräfin,

Gnädigste Fürstin und Frau!

Eurer Marggräfl. Durchlaucht

Regensburg,
den 16 October 1766.

unterthänigstgehorsamster
Jacob Christian Schäffer. D.

Vorbericht.

Es war, wie der Erfolg gelehret hat, ein allerdings glücklicher Zufall, als ich ohnlängst in Lesung einer gewissen, und sich ganz ungemein empfehlenden, Sammlung nützlicher Ausarbeitungen und Schriften *) auf diejenige Stelle kam, wo von einer bequemen Waschmaschine gehandelt wird.

Ich gieng eben damalen mit den Gedanken um, eine Maschine zu erdenken, die mir bey meinen Papierversuchen dasjenige leisten könnte, was durch einen sogenannten Holländer in ordentlichen Papiermühlen, bekanntermaßen, geschiehet und bewerkstelliget wird. Und je mehr ich dasjenige überdachte, was, gemeldeten Ortes, von der Waschmaschine angegeben und gerühmet wird; je mehr leuchtete es mir ein, daß dieselbe, wenigstens nach einigen Veränderungen, zugleich auch die Stelle eines Holländers werde vertreten können.

In diesem guten Vorurtheile und Hofnung säumete ich also keinen Augenblick, dergleichen Waschmaschine mir verfertigen zu lassen. Und es wurden mir, wie es in dergleichen Fällen zu gehen pfleget, in der That die acht Tage etwas lang, bis ich sie erhielte, und die in Gedanken habenden Versuche mit ihr machen konnte.

Sie wurde mir geliefert. Und das erste, was ich mit ihr so gleich zu versuchen, mir vornahm, betraf dasjenige, wozu sie ursprünglich bestim-

*) Berlin. Magaz. B. II. St. 2. Seite 269.

met ist, und woher sie ihren Namen hat. Ich war fördersamst begierig, zu sehen und zu erfahren, ob dann diese Maschine wirklich zum Waschen so gebrauchet und genuzet werden könne, wie man von ihr vorgab?

Es ist zwar wahr, ich hatte nicht die geringste Ursache, in die Versicherungen eines Herrn Stenders, "daß man sich auf seine dreyjährige Erfahrung und die Warheit der Sache, die er zum allgemeinen Gebrauche, mit der Empfindung einer wahren Menschenliebe, bekanntmache, verlassen könne," einen Zweifel zu setzen.

Allein in solchen Fällen, wie der gegenwärtige ist, kann es gleichwol Niemanden verdacht werden, wenn er anfangs etwas mistrauisch und ungläubig ist, und wenn er sein Urtheil, für oder wider die Sache, so lang ausgestellet seyn lassen will, bis er aus nachgemachten Versuchen und folglich eigener Erfahrung weis, wie er daran ist, was sich mit Grunde glauben und mit Zuverläßigkeit behaupten lässet. Ich ließ also zu den Versuchen den Anfang machen.

Man nahm eine gewisse Anzahl verschiedener Gattungen schmuziger Wäsche; bereitete sie durch Einweichen und sparsames Einseifen gehörig zu; warf sie in die Waschmaschine; und überließ sie zwölf Minuten ihrem Schicksale.

Wie groß war aber die Verwunderung, als man nach einer so kurzen und fast nichts bedeutenden Arbeit, und nach so wenigen Minuten, die Wäsche in der Maschine wirklich und vollkommen rein und ausgewaschen, das Wasser hingegen durchaus trübe und unrein fand? Und dieser, schon über alle Vermuthung und Erwartung weit hinausgehende, Anblick bekam dadurch erst noch seinen rechten Nachdruck, als man diese Wäsche aus der Maschine in kaltes Wasser brachte und darinnen gehörig auswusch. Auch nicht an einem einzigen Stücke war, bey den genauesten Nachsehen und der schärfesten Untersuchung, von dem vorigen Schmutze und den vor-

vorher darinn gewesenen unreinen Flecken etwas mehr zu erkennen, so gar, daß einige, die Augenzeugen davon waren, und deren Sache es ist, vom Waschen zu urtheilen, behaupteten, daß diese Wäsche auf die gewöhnliche Weise nimmermehr gleich das erstemal so rein und weiß würde geworden seyn.

Dieß war ein angenehmer Erfolg! Allein, ich war mit diesem erstenmale keinesweges zufrieden. Ich mußte der Sache in wiederholten Versuchen recht gewis werden. Wer weis, dachte ich, ob es jedesmal so gut ausfället und gelinget?

Ich ließ es daher alsobald zum zweytenmale, und zwar anitzo sonderlich mit sogenannter Fußarbeit, versuchen. Man nahm ein ziemlich großes Tischtuch, einige Servietten und Handtücher; warf und bearbeitete sie, wie das vorige mal, in der Waschmaschine.

Der Erfolg war der nämliche. Alles war rein, sauber und weiß, nur daß in dem Tischtuche hie und da noch einige geringe Spuhren gewisser Flecken waren; von welchen aber die, so dabey waren, versicherten, daß dergleichen auch im ordentlichen Waschen allezeit schwer, und zum Theile gar nicht, ausgiengen. Allein, wie bedenklich war es, als man bey dem Ausgiessen des unreinen Wassers gewahr wurde, daß allerhand flockiges Wesen, und welches von nichts anderm, als von dem Abreiben der Wäsche entstanden seyn konnte, nicht nur oben aufschwamm, sondern daß sich dergleichen auch an die Wände der Waschmaschine hin und wieder angesetzet hatte! Dieser Anblick hätte bey nahe alle geschöpfte Hofnung und erwarteten Nutzen auf einmal vernichtet. Denn was würde aller Dienst, welchen diese Maschine im Waschen sonst geleistet hätte, genutzet haben, wenn dadurch die Wäsche wäre abgerieben, und mehr, als bey dem gewöhnlichen Waschen, verdorben worden?

Jedoch, ich ließ mich nicht irre machen. Ich hatte alle Ursache zu glauben, daß der Fehler mehr in der Maschine und ihrer Verfertigung, als

als in dem Waschen, liegen müßte. Man fand auch, bey genauer Untersuchung, diesen Fehler, und den Grund des diesmaligen Abreibens der Wäsche, gar bald und überzeugend. Und dieses machte zum erstenmale einige Veränderungen und Verbesserungen bey dieser Waschmaschine nothwendig. Der weitere Gebrauch aber gab zu noch mehr andern und solchen Abänderungen und Verbesserungen Anlaß, daß dieselbe vor der Strenderischen verschiedene wesentliche Vortheile erhielte, und welche ein Jeder aus Vergleichung derselben nicht mißkennen, und vieleicht gehörigen Ortes von mir selbst angezeiget werden wird.

Man schritte also, nach dieser vorgenommenen Verbesserung, zu neuen Versuchen. Nunmehro gieng alles nach Wunsch und Verlangen. Die Wäsche wurde nicht nur rein und weiß, sondern es war auch nicht das geringste von flockigem oder fasserigem Wesen, weder auf und in dem Wasser, noch an den Wänden der Maschine, selbst unter dem Vergrösserungsglaße nicht, mehr zu sehen oder zu spühren.

Nichts war also mehr übrig, als wiederholte Versuche mit allen Arten der Wäsche, der Ordnung nach, anzustellen, um auf diese Weise zu erfahren, ob alle Gattungen der Wäsche, ohne Unterschied und Ausnahme, sich in dieser Maschine waschen ließen, oder ob etwan eine und die andere Art der Wäsche hievon auszuschliessen seye; auch was sonst etwan, wie überhaupt, so vieleicht bey dieser und jener Wäsche insonderheit, zu beobachten seyn mögte?

Man entwarf also eine wohlüberdachte Liste solcher anzustellenden Versuche; grief zur Sache selbst; und beschäftigte sich mit diesen Versuchen so lange, bis man überall nöthiges Licht, Kenntniß und Gewißheit erhalten hatte.

Nachdem ich nun für meine Person, und in Ansehung meiner Haushaltung, gewiß wußte, daß diese Waschmaschine, der bisherigen gewöhnlichen Art zu waschen, in aller Betrachtung vorzuziehen sey, so, daß auch der

der Entschluß von mir gefasset wurde, sich aufs künftige derselben lediglich und allein in meinem Hause zu bedienen; so kam es nur noch darauf an: „ob ich diese meine Erfahrungen, und dadurch erhaltene Ge-„ wißheit von dem Vorzuge und grossen Nutzen der Waschma-„ schine, nur allein vor mich behalten, oder ob ich nicht vielmehr,„ wie Herr Stender, aus Empfindung einer wahren Menschen-„ liebe, auch andern, sonderlich hiesigen Ortes und Gegenden, da-„ von Nachricht geben; meine Versuche und deren Erfolge zur„ Bestättigung der Warheit öffentlich vorlegen, und zur Einfüh-„ rung dieser Waschmaschine, der Wirthschaft und Haushaltung„ zum Besten, Muth und Lust machen sollte?„

Es ist wahr, es fielen mir so gleich eine Menge Bedenklichkeiten ein, welche mir, diesen Schritt öffentlich zu thun, widerrathen wollten. Nachdem ich aber Gründe und Gegengründe reiflich überdacht und beyde gegeneinander sorgfältig abgewogen hatte, so behielten allezeit die Gründe einer öffentlichen Bekanntmachung vor denen Gegengründen einen ungleich stärkern Ausschlag. Ich glaubte also verbunden zu seyn, mich aus den uninteressirtesten, und nur allein das allgemeine Beste zum Grunde habenden, Absichten über alles hinaus zu setzen, was Vorurtheile, Uebereilung, und auch Unverstand, Dummheit und Schlechtigkeiten, dagegen, wenigstens anfänglich, vorbringen und einwenden mögten. Es ist ja dieses, dachte ich, das anfängliche Schicksal aller neuen und unbekannten, ob gleich mit der Zeit nützlich erkannt, allgemein gewordenen und eingeführten, Erfindungen und Vorschläge gewesen. Und mir kam vor, daß ich dergleichen Urtheile um so weniger zu achten hätte, je mehr die Gesetze so vieler öconomischen Gesellschaften, deren Mitglied ich zu seyn die Ehre habe, es mir ganz eigentlich zur Pflicht machen, auf alles dasjenige ein aufmerksames Auge zu haben, in Untersuchung zu nehmen, und befördern zu helfen, was nur immer, es sey auf eine nähere oder entferntere, mittelbare oder unmittelbare, Art der Landwirthschaft, der Haushaltung und dem gemeinen Wesen, zum Nutzen und Vortheile gereichen kann.

Ich

Ich nahm es mir also im ganzen Ernste vor, mit einer Bekanntmachung dieser Waschmaschine, wie es in gegenwärtigen Blättern geschiehet, vorzuschreiten, das Nöthige davon in öffentlichen Druck zu geben, und hierbey auf folgende Art zu Werke zu gehen.

Erstlich, diese Maschine zu beschreiben; so dann ihren Gebrauch zu bestimmen, und durch einige Versuche und deren Erfolge zu bestättigen und zu erläutern; ferner die mehrgedachte Aufgabe aufzulösen und zu beantworten; und endlich den wahren und vielfachen Nutzen dieser Maschine zu erweisen.

Ob? und wie? nun dieses alles in gegenwärtigen Bogen wirklich von mir geleistet worden; dieses muß ich dem Urtheile vernünftiger und billiger Leser überlassen.

Nur auf einen einzigen Einwurf will ich noch, und zwar, um derer willen, antworten, die eben nicht gar weit sehen, und nach einer eigenen Denkungsart und Lebensart, zu urtheilen und zu reden im Gebrauche und Gewohnheit haben.

Wird nicht, möchte man sagen, durch eine öffentliche Bekanntmachung und suchende Einführung der Waschmaschine dem Lebensunterhalte, der Nahrung und dem Lohne einer ganzen Menge Personen, nämlich aller derer jenigen, zu nahe getreten, die sich bisher vom Waschen genähret, und auch auf eine andere Art ihr Brod zu verdienen vielleicht weder wissen noch im Stande sind?

Es ist wahr, dieser Einwurf hat einigen Schein der Warheit und Richtigkeit. Allein im Grunde, und nach einer reifen Ueberlegung und unpartheischen Untersuchung, ist nichts so ungegründet und falsch, als dieser Einwurf. Es gehöret in Warheit nur eine blos flüchtige Erwägung der anfänglich in hiesigen Zeitungen vorgelegten, und anizo wiederum vorgedruckten, Aufgabe, noch mehr aber derselben im dritten Capitel vorkommenden Auflösung dazu, um sich vom Gegentheile zu überzeugen.

We-

Weder diejenigen Wäscherinnen, welche ausser dem Hauße waschen, und auf welche Weise ohnweit unserer Stadt sich fast ein ganzes Dorf zu nähren pfleget; noch auch diejenigen Waschweiber, welche zu bestimmten Zeiten in Häußern waschen, verlieren bey dieser Waschmaschine das mindeste, sie gewinnen vielmehr dabey auf allen Seiten.

Die Wäscherinnen, so ausser den Häußern waschen, geniessen bey dem Gebrauche der Waschmaschine alle die großen und mannichfaltigen Vortheile, deren in der Aufgabe und in dem folgenden vierten Capitel gedacht wird; so, daß sie es in der Folge gewiß denen verdanken werden, die ihnen diese Maschine bekannt gemacht, und sie zu deren Gebrauch aufgemuntert haben. Und diejenigen Waschweiber, so in den Häußern waschen, können nunmehro an einem Tage bey zwo Haushaltungen waschen, und sich damit eben den Lohn verdienen, den sie sonst nur in einer Haushaltung verdienten, und nicht selten eine Wäsche fahren lassen mußten. Nicht zu gedenken, daß sie bey der Waschmaschine vor der Zeit oder im Alter, nicht, wie bey dem gewöhnlichen Waschen, an Händen und Füssen contract und lahm, oder sonst krank und ungesund werden, welches, wie die Erfahrung lehret, noch allezeit der letzte und gewisseste Lohn des bishero gewöhnlichen Waschens ist.

Die bequeme Waschmaschine.

Erstes Capitel.

Von dem Baue und der Beschaffenheit der Waschmaschine.

Die Waschmaschine, welche, wie Herr Stender, meldet, in Engelland soll erfunden seyn, und die er zu erst auf Veranlassung Sr. Excell. des Herrn Geheimen Raths und Ambassadeurs von Rorf in Coppenhagen machen lassen, bestehet, so, wie sie, nach den von mir angegebenen und oben gemeldeten Abänderungen, zu meinen eigentlichen Versuchen ist gebrauchet worden, aus zweyen Haupttheilen,

1. aus einem Waschzober Fig. I. a. a.; und
2. aus einem Waschwerke. Fig. II.

§. 2.

Der Waschzober (§. 1.) wird von einem Böttcher oder Kufner verfertiget. Er ist von einem ordentlichen Waschzober wenig, und nur in folgenden Stücken, verschieden.

1. Oben befindet sich, statt der sonstigen Handhaben oder Ohren, auf jeder Seite ein schnirkelartiger Griff, um desto bequemer angefaßt und getragen zu werden. Fig. I. bb.
2. Unter jedem dieser Griffe ist ein Loch gebohret, welches zugleich durch die Schiebleiste des Zoberdeckels gehet; und in welches, zur Bevestigung des Zoberdeckels, ein Zapfen oder Schlüssel genau passet und gestecket wird. Fig. I. c. c.
3. Unten genau über dem innern Boden, ist eine messingene Pipe, oder bierähnlicher Hahn, nebst seinem Schlüssel, angebracht,

um,

um, vermöge desselben, das unreine Wasser beqvem ablassen zu können. Fig. I. d. d. Und endlich

4. ist dieser Zober unten über das Creutz etwas ausgeschnitten, welche Ausschnitte in die Einschnitte des Untersatzes genau passen, und dazu dienen, daß der Zober vest stehet, und sich beym Waschen auf keine Weise bewegen kann. Fig. I. e. e.

Es kommt aber auf die Verfertigung dieses Waschzobers, und was es sonderlich mit der innern Boden und Seitenfläche vor eine Bewantnis hat, bey dem Gebrauche dieser Waschmaschine, gar viel und mehr an, als man glauben sollte.

Sind die Dauben nicht mit dem größten Fleiße und dergestalt zusammengesetzet, daß innwendig eine oder mehrere, auch nur im mindesten, vorstehen, oder daß die Dauben selbst innwendig rauh, ungleich, ästig, und ausgerissen sind; so muß, wie ein Jeder selbst abnehmen kann, die Wäsche allerdings Schaden leiden. Je fleißiger aber die Dauben innwendig gleich, glatt, ganz, und überhaupt sauber bearbeitet, auch, damit sie mit der Zeit nicht weichen oder sich verziehen können, gedübelt sind; desto weniger hat man die Besorgnis zu haben, daß die Wäsche nur im mindesten leiden, abgerieben oder sonst beschädiget werden mögte. Eben so ist auch mit dem Holze, woraus der Zober gemacht werden soll, eine vernünftige Auswahl zu halten; und habe ich gefunden, daß das Föhrenholz hiezu vor andern tauglich ist.

§. 3.

Das Waschwerk (§. 1.) Fig. II. ist wieder aus drey andern und verschiedenen Theilen zusammengesetzet.

Der erste Theil bestehet in einer Mittelspindel Fig. I. f. Fig. II. a., mit ihrem Bewegungsarme Fig. I. g. g. h. Fig. II. b. b. c., und ihrer Tricle oder Hülse. Fig. I. i. k. Fig. II. d. e.

Der zweyte Theil ist der Sattel Fig. I. l.l. m. m. Fig. II. f.f. g. g., und der daran bevestigte Deckel des Waschzobers Fig. I. n. n. o. o. p. p. Fig. II. h. h. i. i. k. k. *.*.

Den dritten Theil machet diejenige Scheibe aus, an welcher sich sechs geisartige Füsse oder Knippel befinden, und vermöge welcher das Waschen im eigentlichsten Verstande geschiehet und verrichtet wird. Fig. I. q. q. r. r. r. r. Fig. II. l. l. m. m. m. m. m.

§. 4.

Die Mittelspindel (§. 3.) Fig. I. f. Fig. II. a. ist, so weit der Bewegungsarm gehet und eingelassen ist, vierkantig; von da aber durchaus rund oder walzenartig, und an diesem Orte mit Löchern, durch welche der Zapfen der Triele gestecket werden kann, durchbohret.

§. 5.

Der Bewegungsarm (§. 3.) Fig. I. g. g. Fig. II. b. b., welcher hinten an dem obern oder vierkantigen Theile der Mittelspindel eingezapfet ist, hat vorn ein rundes und glattes Stäbgen, und welches nothwendig beweglich seyn muß. Fig. I. h. Fig. II. c.

§. 6.

Die Triele oder Hülse (§. 3.) Fig. I. i. Fig. II. d. ist dem runden Theile der Mittelspindel angeschoben. Sie kommt zwischen dem Sattel und dem Zoberdeckel zu stehen, und ist mit einem Loche, welches auf die Löcher der Mittelspindel seine Beziehung hat, durchbohret. Zu diesem Loche der Triele gehöret ein Zapfen oder Schlüssel Fig. I. k. Fig. II. e., vermöge dessen, je nachdem er durch das Loch der Triele in eines der Löcher der Mittelspindel gestecket wird, die an der Spindel sich befindende Scheibe und Waschfüsse auf und hinunter gelassen werden können, und mithin das eigentliche Waschwerk in dem Zober, nach Beschaffenheit der Umstände, hoch oder niedrig zu stehen kommet.

§. 7.

Der Sattel (§. 3.) Fig. I. l. l. m. m. Fig. II. f. f. g. g. bestehet aus einem bogenartigen Oberstücke Fig. I. l. l. Fig. II. f. f., welches in der Mitte durchbohret ist, und wo die Mittelspindel durchläufet; auf jeder Seite aber befindet sich eine Stütze Fig. I. m. m. Fig. II. g. g., wovon die Riegel durch den Zoberdeckel laufen, und unten mit einem Keile bevestiget sind. Fig. II. *. *.

§. 8.

Der Zoberdeckel (§. 3.) Fig. I. n. n. o. o. p. Fig. II. h. h. i. i. k. k. *. *. ist rundum mit einer Nuth versehen, welche den Zober überschlägt, und den Griffen eingepasset ist. Fig. I. p. Fig. II. k. k. Oben hat er eine Schiebleiste Fig. I. o. o. Fig. II. i. i., und ist unten, erstgedachtermaßen (§. 7.), mit dem Sattel verbunden.

§. 9.

Die Scheibe (§. 3.) Fig. I. q. q. Fig. II. l. l. ist, statt eines Keils, durch eine Schraube Fig. II. n. mit der Spindel vereiniget und bevestiget. An dieser Scheibe sind die sechs geisartigen Füsse mit einem Grade wohl und fleißig eingepasset Fig. I. r. Fig. II. m., und deren Beschaffenheit aus dem Kupferstiche am besten zu erkennen ist.

Und hiebey muß ich wohl einschärfen, daß zu diesen geisartigen Füssen oder Waschknippeln nicht jedes Holz tauget, sondern nur solches genommen werden muß, welches im Wasser am wenigsten aufqviller, rauch und faßerig wird. Je glätter und feiner nun diese Füsse und Waschknippel zu wiederholtenmalen bearbeitet und abgeschliffen sind, sich auch mit der Zeit selbst mehr und mehr glätten und poliren, je besser ist es vor die Wäsche; das Gegentheil aber der Wäsche um so gefährlicher. Wer also eines von diesen beyden Stücken übersiehet, wird den Schaden bald innen werden, und ist keinesweges auf die Rechnung der Waschmaschine an sich zu schreiben. Die, so im Holze arbeiten, werden mich leicht verstehen!

§. 10.

Endlich muß ich noch des Untersatzes oder Creutzes gedenken (§. 3.) Fig. I. s. s. s. Es ist dieser Untersatz aus eichenem Holze gemacht, und oben dergestalt ausgeschnitten, daß die Ausschnitte des Zobers vest einpassen. Fig. I. e. e. Dieser Untersatz hat seinen gar großen Nutzen, und machet, daß der Zober überall vest und unbeweglich stehet, und also das Waschwerk selbst um so leichter kann beweget und regieret werden. Eben von solchem Nutzen ist auch die angebrachte Pipe. Es kann auf diese Weise das unreine Wasser, nicht nur, wenn die Maschine in einem Hofe oder sonst im freyem stehet, sondern auch, wenn sie in einem Zimmer oder Stube sich befindet, auf die beqvemste und reinlichste Art abgelassen und weggeschüttet werden.

§. 11.

Diese Beschaffenheit hat es mit der Waschmaschine, und aus diesen angezeigten und beschriebenen Theilen ist sie zusammengesetzet.

Ob ich nun gleich Jedem, der diese meine Maschine mit der Stenderischen vergleichet, zutrauen darf, er werde von selbst den Unterscheid erkennen, und mir Gerechtigkeit wiederfahren lassen, daß ich nicht blos ab- und ausgeschrieben habe; so will ich doch, um solches desto überzeugender zu machen, nur dieser dreyen Stücke gedenken, welche meiner Maschine vor jener eigen sind.

Ich habe in dem Vorberichte gedacht, daß bey dem zweyten Versuche sich die Wäsche abgerieben habe. Daran war derjenige Keil schuld, durch welchen anfänglich die Scheibe an die Mittelspindel bevestiget war. Diesem habe ich also damit gänzlich und auf einmal abhelfen lassen, daß die Schribe der Spindel durch eine eiserne Schraube (§. 9.) angeschraubet, tief eingelassen, und das Loch mit heiß eingegossenem Wachse wieder bedecket worden ist.

Nichts war anfänglich bey der Waschmaschine so unbeqvem, als, nach jedesmaligem Waschen, das unreine Wasser auszuschütten. Es mußte al-

allezeit der ganze Zober aufgehoben und umgekehret werden, welches äusserst aufhaltend und beschwerlich war, auch davon die Stube oder Kammer, bey aller Vorsicht, immer naß wurde. Dieser Unbeqvemlichkeit und Zeitverderbe ist durch die angebrachte Pipe oder Hahn (§. 2. 10.) auch abgeholfen worden.

Je mehr bey Bewegung des Waschwerkes es darauf ankommt, daß der Waschzober vest und unbeweglich stehe; je verdrießlicher war es, daß dieses anfänglich dem Wasserzober fehlete. Und eben daher wurde auch das Waschen selbst um so mühsamer. Der nunmehro angebrachte Untersatz (§. 4.) hat auch diesen Fehler abgeholfen, und kann anitzo wirklich der schwächste Mensch die Maschine bewegen und darinnen waschen.

Ich übergehe die übrigen Veränderungen, die von mir gemacht worden, und wodurch meine Maschine mehrere Vortheile erhalten hat.

Zweytes Capitel.

Von dem Gebrauche der Waschmaschine und den mit ihr gemachten Versuchen.

§. 12.

Der Gebrauch der Waschmaschine ist, überhaupt davon zu reden, sehr einfach und ungekünstelt. Man verfähret hierbey auf folgende Weise:

Erstlich, wird die schwarze Wäsche, vor dem Waschen, in rein Wasser geleget und eingeweichet.

Zweytens, wird die ausgewundene Wäsche eingeseifet.

Drittens, thut man von der eingeseiften Wäsche jedesmal so viel in die Maschine, als nöthig ist.

Viertens, schüttet man auf die eingelegte Wäsche so viel laulichtes Wasser, daß es zwey oder drey Finger über den Einsatz gehet.

Fünftens, wird der Zober mit dem Deckel und dem damit verbundenen Waschwerke verschlossen, und ohngefähr ¼ Stunde lang mit dem gedachten Waschwerke gewaschen. Worauf

Sechs-

Sechstens, die ausgewaschene Wäsche aus der Maschine genommen, in reines und kaltes Wasser geleget, ausgewaschen, und damit weiters, wie bey dem ordentlichen Waschen, verfahren wird.

Ich sage, mit gutem Bedachte, daß überhaupt auf diese Weise verfahren werde. Denn, was bey einem und anderm dieser Puncte in gewissen Fällen insonderheit zu beobachten ist, dies wird sich aus dem eben zu meldenden Versuchen am besten abnehmen, und alsdenn erst durch besondere Regeln bestimmen lassen.

Ich schreite dahero so gleich zu den gemachten Versuchen selbst, und werde sie in derjenigen Ordnung anführen, wie sie vorgenommen worden sind.

§. 13.

Erster Versuch.

Zubereitung.

Man nahm zu diesem Versuche folgende Stücke schwarzer Wäsche. M. u. W. Unterhemden 15, gefärbte und weisse Schnupftücher mit Tobackflecken 15, weisse Unterziehstrümpfe 8 Paar, weisse und gefärbte M. u. W. Hauben 5, Servietten 10, Tischtücher 2, feine Handtücher 4, Küchenhandtücher 4, cattune und barchente Schürzen oder Fürtücher 4, gefärbte und weisse W. Halstücher 7, gestreiftbarchentes M. Nachtcamisol mit beinernen Knöpfen 1, Halboberhemden 6, Halbärmel 4 Paar, Halsbinden 6, W. Manschetten 2 Paar. In allen 107 einzelne Stücken.

Diese gesamte Wäsche wurde in 10 Einsätze abgetheilet. In den ersten, zweyten und dritten Einsatz kamen die 15 Unterhemden. In den vierten die 15 Schnupftücher. In den fünften die 8 Paar Unterziehstrümpfe. In den sechsten die 5 Hauben und 10 Servietten. In den siebenden die 2 Tischtücher und 4 Handtücher. In den achten die 4 Küchenhandtücher, 4 Schürzen oder Fürtücher, und 1 Nachtcamisol. In den neunten

ten die 7 W. Halstücher, und 6 Oberhemden. In den zehenden die 6 Paar Aermel, 6 Halsbinden und 2 Paar Manschetten.

Der erste Einsatz wurde in laulichtem Wasser, die übrigen aber in dem Urlauter, oder dem unreinen Seifenwasser, der vorhergegangenen Einsätze, jedesmal vor dem Waschen eingeweichet. Nachdem die Wäsche jeden Einsatzes nothdürftig eingeseifet worden, so wurde zu dem laulichten Wasser der erst achten Einsätze jedesmal etwas weniges Lauge hinzugegossen, bey dem neunten und zehenden Einsatze aber die Lauge gänzlich weggelassen. Wobey noch zu merken, daß man zum Einseifen bey diesem und dem folgenden Versuche 1 ½ Pfund truckene Seife, folglich die Hälfte weniger, als zu so viel Wäsche beym ordentlichen Waschen, verbrauchet hat.

Erfolg.

Nachdem die Wäsche jeden Einsatzes nicht gar 15 Minuten lang in der Waschmaschine war gewaschen worden; so fand man dieselbe bey dem Herausnehmen der Hauptsache nach, über alle Erwartung, gut und rein gewaschen. Jedoch mit diesem Unterscheide.

Die klare und feine Wäsche des neunten und zehenden Einsatzes war sämtlich und ohne Ausnahme, und zwar gleich das erstemal, so vollkommen rein und weiß, als man es nur immer wünschen konnte.

Die Wäsche des vierten, fünften, sechsten, siebenden und achten Einsatzes, war dem größten Theile nach ebenfalls gleich das erstemal rein und weiß; jedoch gab es bey jedem Einsatze auch noch ein und das andere Stück, welches hie und da einen Flecken hatte, und also wieder zu dem folgenden Einsatze gethan werden mußte, alsdann aber vollkommen rein befunden wurde.

Die Wäsche des ersten, zweyten und dritten Einsatzes war gleich das erstemal durchaus rein und weiß geworden, nur allein diejenigen Stücke ausgenommen, welche mit denenjenigen rothen Flecken stark beunreiniget waren, die von den Bissen bekannter Thiergen herkommen; wovon, wie nämlich diesen und dergleichen ähnlichen Flecken abzuhelfen sey, die unten vorkommende fünfte Regel nachzusehen ist.

§. 14.

Zweyter Versuch.

Zubereitung.

Man nahm eine gewisse Anzahl feiner und langer Spitzen, und legte solche in ein Säckgen; eine gewisse Anzahl gesteckter Hauben, musselinene Halstücher, musselinene Krägen, und verschiedene feine Frauenzimmerwäsche, ohne eines von diesen Stücken, wie die langen Spitzen, in ein Säckgen zu binden. Man theilte diese Stücke in zween Einsätze ab, ließ sie in laulichtem Wasser einige Stunden liegen, seifte sie ein, und warf sie in die Waschmaschine. Es waren in allen 62 einzelne Stücke.

Erfolg.

In Zeit nicht gar einer halben Stunde war die gesamte Wäsche, und zwar bey jedem Einsatze gleich das erstemal, dergestalt rein und weiß gewaschen, daß es ein nicht geringes Vergnügen und Freude verursachte. Alle Stücke der Wäsche, und so auch die Spitzen, waren über alle Vermuthung schön; nichts im mindesten angegriffen, verschoben, oder sonst verletzet; und es fiel das Urtheil diesmalen dahin aus, daß, sonderlich in Ansehung der klaren und feinen Wäsche, diese Maschine nicht genugsam könne gerühmet und angepriesen werden.

§. 15.

Dritter Versuch.

Zubereitung.

Nachdem ich die erstgemeldeten zween Versuche in meinem Hauße selbst machen lassen, und also von dem guten Erfolge sattsam überzeuget war; so so hielt ich vor gut, auch ausser meinem Hause von einer dritten Person den Versuch machen zu lassen. Eine nahe Anverwantin von mir, und überaus gute Wirthin, übernahm dieses Geschäfte mit Vergnügen. Es wurde ihr meine Waschmaschine geliehen, und von ihr auf folgende Art verfahren.

Die Wäsche bestund aus folgenden Stücken. Oberhemden 23, Kinderhemden 12, gefärbte Fürtücher 10, barchente und cattune Contouschen 6, barchente und gefärbte W. Röcke 3, Unterziehstrümpfe 15 Paar, weisse und gefärbte baumwollene W. Halstücher 12, weisse und gefärbte Schnupftücher 12, Halsbinden 18, M. Nachtcamisöler mit Aermeln und Knöpfen 4. In allen 150 einzelne Stücke.

Die Verfahrungsart war beym Einweichen, Einseifen u. s. w. die nämliche, wie ich sie nur erst angezeiget habe, wie denn auch zu allen Einsätzen etwas Lauge zugegossen worden, nur die Einsätze der feinen Wäsche, nämlich Oberhemden, Halstücher, u. s. w. ausgenommen, als worzu keine Lauge genommen worden war.

Erfolg.

Dieser ist, nach der, mit vieler darüber bezeugten Freude, von gedachter meiner Anverwantin erhaltenen Versicherung, ebenfalls erwünscht gewesen.

Die feine Wäsche, nämlich 23 Oberhemden und 18 Halsbinden sind, in Zeit von 1¼ Stunde, schon zum trocknen, aufgehangen gewesen. Und ob gleich manche Stücken der übrigen Wäsche zweymal haben eingesetzet werden müssen, so hat man doch auch bey diesen wiederholten Einsätzen, in Ansehung der Zeit, Beqvemlichkeit, Reinlichkeit, Erspahrung des Holzes, der Seife u. s. w. einen solchen grossen Vorzug vor dem ordentlichen Waschen gefunden, daß es dieser meiner Freundin schwer angekommen, die Waschmaschine diesmal wieder zurück zu geben.

§. 16.

Vierter Versuch.

Da die Wäsche der Handwerksleute, sonderlich derer, so in Holz, Feuer, und dergleichen arbeiten, ausserordentlich unrein und schmutzig zu seyn pfleget; so war ich begierig, auch mit dergleichen Wäsche einen Versuch machen zu lassen. Ich gab also meine Waschmaschine zum zweytenmale in ein dergleichen Handwerkshaus; und ist mir, von dem daselbst gemachten Versuche, folgende Nachricht geworden:

Die Wäsche, und die dem größten Theile nach ganz ausserordentlich unrein gewesen seyn soll, hat in 119 Stücken bestanden. M. und W. Unterhemden 12, Kinderhemden 12, Oberhemden 2, Halsbinden 18, Halbärmel 9 Paar, weisse W. Halstücher 9, Tischtücher 6, Servietten 4, Handtücher 14, Unterziehstrümpfe 10 Paar, gefärbte M. Camisöler mit beinernen Knöpfen 4, rother Brustlatz 1, Kinderröcke 3, gedruckte Fürtücher 8.

Da, vorgedachtermassen, diese Wäsche ganz ausserordentlich unrein gewesen, so hat man zu jedem Einsatze Lauge genommen; auch haben die meisten Stücken zweymal eingesetzet werden müssen. Auf diese Weise aber soll die Wäsche vollkommen und dergestalt gut geworden seyn, daß auch von dieser Person, des zweymaligen Einsetzens ohnerachtet, diese Art zu waschen, in Ansehung der damit verknüpften grossen Vortheile, nicht genug hat können gelobt und gerühmet werden.

§. 17.

Ob nun gleich aus diesen, theils in meinem, theils ausser meinem, Hause gemachten Versuchen der Gebrauch und der Nutzen der Waschmaschine einem Jeden von selbst einleuchten muß; so will ich doch noch einige besondere Regeln hinzusetzen, auf deren Beobachtung sehr vieles ankommt.

Erste Regel.

Da, obgedachtermassen, an der Verfertigung der Waschmaschine alles gelegen ist; so hat man wohl darauf zu sehen, daß dießfalls kein Fehler vorgehe.

gehe. Wo hierinnen leichtsinnig gehandelt wird, da kan der Erfolg nicht anders, als widerig seyn, und würde diese Waschart ohne Grund und Ursache in übelen Ruf bringen.

Zweyte Regel.

Man lasse sich bey dem anfänglichen Gebrauche der Waschmaschine nicht so gleich irre machen, wenn, wie doch kaum zu vermuthen, manches nicht so gleich gehen und vollkommen gut ausfallen sollte. Es gehören auch bey diesem Waschen gewisse Handgriffe und Vortheile dazu, die man erst in der Uebung findet und lernet. Mit jedem Einsatze wird alles leichter und besser von statten gehen.

Dritte Regel.

Da es gewisse Flecken und Unreinigkeiten in der Wäsche giebet, die auch beym ordentlichen Waschen allezeit sehr hart, und manchmal bey allem anhaltenden Reiben gar nicht, ausgehen, als: Eisenflecken, Obstflecken, Stockflecken, und dergleichen; so darf man sich nicht wundern, wann dieselben auch in der Waschmaschine schwer und gar nicht ausgehen wollen.

Vierte Regel.

Kommt ein sonderlich großes Stück Wäsche aus der Waschmaschine rein und weiß heraus, nur daß etwan ein und anderer Fleck noch darinnen geblieben, so ist es nicht einmal allezeit nöthig, ein solches Stück abermals einzusetzen. Man seife nur einen solchen Fleck nochmalen ein, und reibe ihn auf das geringste und sanfteste; so wird er zur Verwunderung so gleich wegseyn. Gehet er aber alsdann nicht aus; so gehöret er ganz gewiß zu denen Flecken, die auf die gewöhnliche Art nie ausgehen.

Fünfte Regel.

Wäsche, die, obgedachtermassen, voll solcher rothen Flecken ist, die von den Bissen bekannter Thiergen herkommen, dahin auch die Flecken vom Aderlassen und dergleichen zu rechnen sind, muß, ehe sie eingeseifet wird, zuvor in laulichtem und mit etwas Lauge vermischtem Wasser eingeweichet werden. Ausser dem sind sie schwer, und nie gänzlich, heraus zu bringen.

Sechste Regel.

Man hat gefunden, daß die Wäsche mit gekochter Seife einzuseifen, die gute Wirkung nicht thut, als wenn es mit trockener Seife geschiehet. Jedoch stehet Jedem frey, es selbst so oder anders zu versuchen, und alsdenn das Beste zu wählen.

Siebende Regel.

Siehet manche Wäsche, wenn sie aus der Waschmaschine komt, nicht so gleich schnee weiß, sondern fast grau aus; so stosse man sich ja nicht daran. Man lege sie unbedenklich in kaltes Wasser, und lasse sie ein oder zwo Stunden darinnen liegen, so wird das trüb gewordene Wasser schon sehen lassen, wie viel unreines noch ausgezogen worden ist; noch mehr aber wird man es da finden, wenn hierauf die Wäsche gehörig ausgewaschen wird. Dieses Liegenlassen in kaltem Wasser ist eine Hauptregel bey dieser Waschart. Wer dieses überschnellet, hat sich den Nachtheil selbst zuzumessen.

Achte Regel.

Das Urlauter, wie es hiesigen Ortes genennet wird, oder das bey einem Einsatze schon gebrauchte und nunmehro unreine Seifenwasser, darf ja nicht weggeschüttet werden. Man weichet andere schwarze Wäsche in solchem vor dem Waschen ein. Dadurch wird nicht nur Schmutz und Unreinigkeit aufgelöset, sondern es ist dieses auch eine von den Ursachen, warum man bey dieser Waschart nicht so viel Seife, als bey dem gewöhnlichen Waschen, brauchet und nöthig hat.

Neun-

Neunte Regel.

Da es bey dieser Waschmaschine vornämlich auf das Waschwerk, dessen Stellung und Bewegung, ankommt; so hat man ja darauf zu sehen, daß die Scheibe mit ihren Knippeln, oder geißartigen Füssen, nicht zu hoch über, und auch nicht zu niedrig unter die Wäsche zu stehen komme. Geschiehet das leztere, so greift es die Wäsche zu stark an, und reibet sie ab; geschiehet aber das Erstere, so wird die Wäsche zu wenig und gar nicht bearbeitet, und kann unmöglich rein und weiß werden. Und hieher gehöret auch die Art und Weise, wie das Waschwerk beweget werden muß.

Man fasset nämlich den Bewegungsarm an den vordersten beweglichen Stäbgen Fig. I. h. Fig. II. e. mit der einen Hand an, und drehet das Waschwerk nach der einen halben Seite so weit herum, als es thunlich ist. Alsdann fähret man so gleich nach der andern Seite zurück, und zwar wieder so weit, als es sich thun lässet. Und dieses wechselsweise Hin und Herbewegen, nach der rechten und linken Seite, aber ja nicht im Kreise herum, wird ohngefähr eine Viertel Stunde fortgesetzet. Diese wechselsweise Bewegung macht, daß immer ein Stück der Wäsche nach der andern von den Waschknippeln gefasset, herzu und wieder weggeschoben, und also die sämtliche Wäsche bearbeitet wird.

Zehende Regel.

Ehe Jemand bey dem Gebrauche der Waschmaschine etwas auf die Rechnung dieser neuen Waschart schreibet; untersuche er sich und seine Verfahrungsart. Er wird bald finden, wem er dieses und jenes beyzumessen hat?

Eilfte Regel.

Da die Ursache, warum die Wäsche in der Waschmaschine auf eine so leichte, höchst sanfte, und nie gewaltsame oder angreifende Art rein und weiß wird, ohnläugbar und vorzüglich, der Wirkung des verschlossenen warmen Dunstes zugeschrieben werden muß; so ist sorgfältig darüber zu halten, daß nicht nur der Deckel dem Waschzober genau anschliesse und übergreife, sondern, daß auch während jedesmaligen Waschens dieser Deckel nie eher aufgehoben werde, bis das Waschen selbst vorbey. Naturkündigern ist nicht unbekannt, was ein eingeschlossener warmer Dunst zu bewirken vermag; und wie er in der Papinianischen Maschine so gar die härtesten Knochen in einen Brey verwandelt. Und was macht es, daß ich ein ander bekannteres Beyspiel anführe, daß alle Arten des Fleisches, wenn sie in verschlossenen Gefässen gekochet, oder, wie man es ganz recht nennet, gedünstet werden, so gar mürbe, weich und zart werden? Der eingeschlossene Dunst verursachet dieses. Und eben so ist auch in der Waschmaschine der eingeschlossene Dunst in den Schmutz und Flecken der Wäsche viel wirksamer und auflösender, als die Lauge, Reiben, Schlagen, Klopfen und Bürstengebrauch beym ordentlichen Waschen nicht bewirken kann.

§. 18.

Und so könnte ich noch viele andere dergleichen heilsame Regeln, von deren Beobachtung nicht wenig abhanget, nahmhaft machen, wenn ich nicht versichert wäre, daß die Erfahrung Jedem selbst dasjenige lehren und an Handen geben werde, was zu immer nützlicherem und vortheilhafterem Gebrauche der Waschmaschine dienen und gereichen kann. Die gegenwärtigen Regeln mögen nur zu einem Zeugnisse dienen, daß man auch bey dieser Waschart mit Vorsicht, Aufmerksamkeit, Fleiß und guter Ueberlegung zu Werke zu gehen hat, wenn alles nach Wunsche und Verlangen ausfallen soll!

Drit-

Drittes Capitel.

Von der wirthschaftlichen Aufgabe und deren Auflösung oder Beantwortung.

§. 19.

Ich hatte eine sehr unschuldige und gute Absicht, als ich diejenige wirthschaftliche Aufgabe, so dieser Abhandlung wieder vorgedruckt ist, in die hiesigen öffentlichen Blätter einrücken ließ. Ich suchte damit diejenigen, denen alles Neue, und was von dem alten Herkommen und Gebräuchen nur im mindesten abweichet, verdächtig und unthunlich vorkomt, aufmerksam zu machen, und dadurch dieser meiner Abhandlung einen um so grössern Beyfall und gute Aufnahme zum voraus zu bewirken.

Allein, wie sehr habe ich mich in meiner Meynung geirret? Es haben Leute von allerhand Stand und Lebensart, hiesigen Orts, davon einen solchen übeln Gebrauch gemacht, und auf eine so mannigfaltige, unerwartete, lieblose, übereilte und so gar schmähende Art geurtheilet, daß ich mir im ganzen Ernste vornahm, es bey dem bewenden zu lassen, was ich bald darauf in den nämlichen hiesigen öffentlichen Blättern geantwortet habe. Mir konnte es genug seyn, die beste Absicht für Andere und das gemeine Wesen gehabt zu haben, ohne jedoch Nutzen und Vortheile Jemanden aufzudringen, oder dem Undanke selbst Vorschub zu thun!

Es würde auch in Warheit dabey geblieben seyn, wenn nicht Auswärtige, und so gar Personen vom ersten Range, davon anders geurtheilet, und um Beschleunigung dieser Abhandlung, und die Auflösung mehr gedachter Aufgabe, mich ersuchet hätten, und dazu auffordern lassen; und wovon ich die schriftlichen Zeugnisse, einem Manchen zu seiner nicht geringen Beschämung, hiemit öffentlich abdrucken lassen könnte, wenn dergleichen Art der Rechtfertigung meine Sache wäre.

Ich schreite also, ohne ein Weiteres, zur Auflösung jener Aufgabe, und werde auf jede Bedingung in derjenigen Ordnung antworten, als ich sie vorgetragen habe. Und man wird sich bey jeder Antwort dererjenigen Versuche im vorigen Capitel erinnern, wodurch jeder Umstand durch die Erfolge richtig und ausgemacht erwiesen worden ist.

§. 20.

Erste Bedingung.

Ohne Lauge.

Antwort. Dieser Satz gilt, in Ansehung der Waschmaschine, von aller klaren, saubern und feinen Wäsche ohne Unterscheid und Ausnahme.

Er findet auch bey andern Arten der Wäsche statt, wenn sie nur nicht gar zu grob, fleckig, eingegründet und schmutzig ist. Nur, daß alsdenn manches von dergleichen Wäsche noch einmal eingesetzet werden muß. Dieses nun zu vermeiden, so ist allerdings nöthig, daß zu vorgedachter groben und allzuschmutzigen Wäsche, um das erstemal gleich davon zu kommen, etwas helle und nicht gar scharfe Lauge hinzugethan werden muß, nämlich zu jedem Einsatze ohngefähr ein Seidel. Da nun aber diese wenige Lauge, im Vergleiche mit der vielen Lauge beym ordentlichen Waschen, fast in gar keine Betrachtung kommet; so hat auch bey diesen Arten der Wäsche, nach einer im gemeinen Leben gebräuchlichen Redensart, diese Bedingung ihre vollkommene Richtigkeit: ohne Lauge.

§. 21.

Zweyte Bedingung.

Ohne heiß Wasser.

Antwort. Da bey dem Waschen mit der Waschmaschine blos laulicht und nur wenig warmes Wasser gebrauchet wird, und genommen werden darf; so fällt der Gebrauch des heissen Wassers hiemit von selbst weg.

§. 22.

Dritte Bedingung.

Ohne eigen Holz und Feuer, und zu gewissen Zeiten ohne alles Holz und Feuer.

Antwort. Durch eigenes Holz und Feuer verstehe ich diejenige Art der Feuerung, da man, wie bey dem ordentlichen Waschen geschiehet, zum Waschen ein eigenes, oft viele Stunden, ja ganze Täge und Nächte lang fortdaurendes, Feuer anmachen und unterhalten muß. Und wie viel gehet hier nicht Holz auf!

Da nun aber zum Waschen in der Waschmaschine blos laulichtes Wasser nöthig ist, und folglich ein Hafen oder Topf heissen Wassers mit einer ganzen Menge kalten Wassers abgekühlet werden muß; ein solcher Hafen oder Topf zum heissen Wasser aber, so wohl dem Ofenfeuer im Winter, als jedem Kochen auf dem Heerde im Sommer, ganz leicht beygesetzet werden kann; so ist offenbar, daß diese Art Waschens in der Waschmaschine ohne eigen Holz und Feuer geschehen kann. Und gesetzt, daß man auch zu gewissen Zeiten ein eigenes Feuer anmachen wollte; so ist doch mehr, als zu gewiß, daß diese Feuerung ungleich weniger Holz erfordert und kürzere Zeit dauert, als bey dem ordentlichen Waschen.

Allein, welches werden diejenigen Zeiten seyn, da sich auch ohne alles Holz und Feuer in der Waschmaschine waschen lässet? Davon habe ich, wegen der schon verflossenen Jahreszeit, keinen Versuch machen können. Es gründet sich also dieser Satz blos auf diejenige Stenderische Versicherung, daß so warmes Wasser, als Sommerwasser, hiezu nöthig sey. Im Sommer also, wenn das Wasser in die Sonnenhitze gestellet wird, lässet sich auch ohne alles Holz und Feuer in der Waschmaschine waschen.

§. 23.

Vierte Bedingung.

Ohne Waschkessel.

Antwort. Waschkessel heissen diejenigen, insgemein eingemauerten, grösseren Kessel, worinnen das Wasser, zur Lauge und übrigem Waschen, heiß und siedend gemacht wird.

Da nun das Wasser zum Waschen in der Waschmaschiue nie heiß seyn darf, folglich in einem jeden Hafen oder Topf ans Feuer gesetzt werden kann; so sind die bisherigen großen und eingemauerten Waschkessel hiebey offenbar unnöthig und überflüßig.

§. 24.

Fünfte Bedingung.

Ohne Waschtrog.

Antwort. Dessen Stelle vertritt die Waschmaschine.

§. 25.

Sechste Bedingung.

Ohne Waschgeschirr.

Antwort. Da das Waschen, im engsten Verstande, ganz allein in der Waschmaschine geschiehet, so ist die Erfüllung dieser Bedingung von selbst klar.

Jedoch, da auch bey dem ganzen Waschen mit der Waschmaschine nicht mehr als eine Wanne oder großer Zober zum Einweichen der Wäsche, und dergleichen zum Auswaschen aus kaltem Wasser, nöthig ist; di se zwey Waschgeschirre aber gegen die große Menge verschiedener Arten der Waschgeschirre, so bey dem ordentlichen Waschen erfordert werden, in gar keine Betrachtung kommen; so kann man auch, nach einer im gemeinen Leben gebräuchlichen Redensart, mit Grunde sagen: man wasche bey der Waschmaschine ohne Waschgeschirr.

§. 26.

§. 26.

Siebende Bedingung.

Ohne große und fast gar keine Zubereitung.

Antwort. Da die ganze Zubereitung bey dem Waschen mit der Waschmaschine in nichts weiterm, als in Einweichung der zu waschenden Wäsche bestehet; so heisset diese Art der Zubereitung, im Vergleiche mit der großen und mannigfaltigen Zubereitung des ordentlichen Waschens, mit allem Rechte eine sehr kleine und fast gar keine Zubereitung.

§. 27.

Achte Bedingung.

Ohne Waschweib.

Antwort. Waschweiber (von Wäscherinnen ist gar nicht die Rede) heissen, im eingeschränktesten Verstande, diejenigen Weibspersonen, die in Städten und auf den Dörfern um einen gewissen Lohn und Kost vor andere Leute, oft vor ganze Haushaltungen, die Wäsche in warmem Wasser rein und weiß waschen; und welche wegen des beständigen Reibens mit den Händen, und zwar im Wasser, wegen der harten und immer aneinander fortdaurenden Arbeit bey Tage und Nachte, wegen des anhaltenden Stehens und Buckens, wie auch des vielen Frierens im Winter ꝛc. vor der Zeit alt, stumpf und kränklich, contract, lahm, gebrechlich, elend und unbrauchbar werden.

Da nun bey dem Gebrauche der Waschmaschine die Wäsche ganz und gar nicht mit Händen berühret noch gerieben wird, es dabey keine harte und saure Arbeit giebt, auch keines Buckens, keines Frierens im Winter, noch auch Wachens bey Nachte bedarf; so ist offenbar, daß sich in dem angeführten Verstande, und sonderlich, wo es keine Waschweiber giebt, oder zu gewissen Zeiten nicht zu haben sind, auch ohne Waschweib waschen lässet. Nachdem aber die Maschine nicht durch oder von selbst sich beweget, nebst dem die Wäsche nach dem Waschen in der Maschine, wie

 sonst,

sonst, in kaltem Wasser ausgewaschen, aufgehangen, getrocknet, gerollet und gebögelt werden muß; so ist es wohl eine sehr unzeitige und unnöthige Furcht und Besorgniß, wenn diese Leute glauben, oder es im Scherze und im Ernste sich weiß machen lassen, sie würden bey dieser Maschine um Brod und Nahrung kommen. Sie bleiben bey der Waschmaschine vor, wie nach, bedingt nothwendige und unentbehrliche Leute; nur, daß sie dabey mehreren Haushaltungen dienen, und öfterer etwas erwerben können, vornämlich aber gerader, gesunder, und bis ins Alter brauchbarer bleiben, als es bey dem Waschtroge und dem bisherigen Waschen geschiehet und geschehen kann.

§. 28.

Neunte Bedingung.

Ohne, daß man die Wäsche, und daß gewaschen wird, siehet und gewahr werden kann.

Antwort. Da die Wäsche der Waschmaschine bey verschlossenem Deckel, und so, daß beym eigentlichen Waschen nur die Bewegung des obern Theils des Waschwerkes zu sehen ist, gewaschen wird; so ist offenbar, daß die Wäsche bey diesem Waschen in dem undurchsichtigen Zober nicht gesehen werden kann, und daß auch, wer es nicht schon vorher weis, sich es schwerlich wird beyfallen, und vieleicht auch im Anfang kaum überreden lassen, daß wirklich gewaschen werde.

§. 29.

Zehende Bedingung.

Ohne, daß die Wäsche beym Waschen von einer menschlichen Hand berühret werde.

Antwort. Waschen heißt, im engsten Verstande, die schmutzige und unreine Wäsche in warmem Wasser so lange mit Händen reiben, bis sie rein und weiß ist.

Da nun die Wäsche in der Maschine blos von dem Waschwerke bey zugeschlossenem Deckel und in kaum lauen Wasser gewaschen, von Schmutz und Flecken gereiniget wird; so ist offenbar, daß, so lang dieses eigentliche Waschen in dem Waschzober, vermittelst des Waschwerkes, geschiehet und dauert, die Wäsche von keiner menschlichen Hand berühret wird.

Ob

Ob aber auch zur Bewegung des Waschwerkes, zum Auswaschen in kaltem Wasser, zum Aufhängen, Trockenen, Rollen und Bögeln, keine menschliche Hand erfordert werde? dieses ist eine andere Frage, und wird von keinem Vernünftigen verneinet werden.

§. 30.

Eilfte Bedingung.

Ohne, daß die Wäsche gerieben, gebleuet, geschlagen oder auf dergleichen Art behandelt werde.

Antwort. Da die Wäsche in der Waschmaschine blos durch das Waschwerk, oder geisartigen Füsse und Knippel, auf eine ungemein sanfte und gar nicht gewaltsame Art bearbeitet wird; so fällt freylich alles Reiben, Bleuen, Schlagen, und dergleichen, und wodurch der Wäsche so grosser Schaden zuwächset, von selbst weg.

§. 31.

Zwölfte Bedingung.

Ohne, daß man zum Waschen einen grössern Platz oder Raum nöthig hat, als eine Elle ins Gevierte.

Antwort. Da das Waschen mit der Waschmaschine ganz allein im Waschzober geschiehet; dieser aber im größten Durchschnitte, nämlich des Deckels und des Untersatzes, nicht einmal eine völlige Regensburgische Elle ins Gevierte ausmachet; so hat man keinen grössern, als den bestim̃ten, Platz und Raum zu dieser Waschart nöthig.

§. 32.

Dreyzehende Bedingung.

Ohne, daß der Platz, wo gewaschen wird, im mindesten naß gemacht werde.

Antwort. Da das Waschen mit der Waschmaschine im Zober mit verschlossenem Deckel geschiehet; so ist nicht möglich, daß auch nur ein Tropfen Wasser verspritzen kann. Und wenn man sich im Ein und Ausgiessen des laulichten Wassers in acht nim̃t, bleibet auch alles andere trocken.

§. 33.

Vierzehende Bedingung.

Ohne, daß man beym Waschen im Winter friere und im Sommer schwitze.

Antwort. Man wasche mit der Waschmaschine im Winter, und im Sommer nicht in der heissen Luft, sondern zu jener Zeit in einer Kammer, oder auch warmen Stube, und zu dieser Zeit an einem kühlen Orte; so ist die Bedingung erfüllet.

§. 34.

Funfzehende Bedingung.

Ohne, daß die Wäsche mehr, als einmal, und dieses auf die wenigste Art, eingeseifet werden darf.

Antwort. Dieser Satz ist mit Einschränkung zu nehmen. Bey klarer, feiner und gar nicht schmutziger Wäsche brauchet die Wäsche allerdings nur ein einzigmal, und dieß sehr sparsam, eingeseifet zu werden. Bey grober und ausserordentlich schwarzer oder fleckiger Wäsche richtet man sich jedesmal nach dem, wie es der Augenschein giebet. So viel zeiget sich allezeit unwidersprechlich, daß auch bey dem stärksten Einseifen weniger Seife verbrauchet wird, als bey dem sonstigen und gewöhnlichen Waschen.

§. 35.

Sechzehende und letzte Bedingung.

Und endlich vornämlich, daß jedes Waschen in Zeit von nicht gar einer viertel Stunde geschehen und vorbey sey.

Antwort. Durch jedes Waschen verstehe ich denjenigen Zeitpunkt, da jeder Einsatz der Wäsche in der Waschmaschine rein gewaschen wird.

Da es nun hiezu auch bey der schmutzigsten Wäsche nicht gar 15 Minuten brauchet, bey der klaren und saubern Wäsche aber noch wenigere Minuten; so ist ja freylich ein solches jedesmaliges Waschen in weniger, als einer viertel Stunde, geschehen und vorbey.

§. 36.

Und auf diese Weise hätte ich denn auch die Aufgabe, die Manchem so unbegreiflich räthselhaft geschienen, und wobey Leute, die über den Pöbel erhaben seyn wollen, sich, obangezeigtermaßen, hiesigen Ortes, so gar sehr verlohren haben, aufgelöset, und, wie ich glauben sollte, einem jeden Unpartheyischen einleuchtend beantwortet.

Sollte Jemand dabey doch noch Eines und das Andere zu erinnern haben, der thue es; ohne daß er von mir die geringste weitere Antwort der Vertheidigung erwarten darf. Zank, Streit und Rechthaberey sind just diejenigen Leidenschaften, die ich am ärgsten hasse und verabscheue.

Viertes Capitel.

Von dem wahren und vielfachen Nutzen der Waschmaschine.

§. 37.

Ich hatte mir, wie in dem Vorberichte gemeldet ist, vorgenommen, in diesem Capitel von dem großen Vorzuge der Waschmaschine vor dem gewöhnlichen Waschen auf das Umständlichste zu handeln, und dadurch den wahren und vielfachen Nutzen derselben recht sinnlich und begreiflich zu machen. Und ich hätte in Warheit hiezu das weiteste Feld.

Allein ich habe in den vorhergehenden Capiteln diesen Vorzug und Nutzen unvermerkt schon so stark zu erkennen gegeben, daß ich der Einsicht und der Beurtheilungskraft meiner Leser allerdings zu nahe treten würde, wenn ich ihnen nicht zutrauen wollte, sie würden solchen aus dem Angeführten von selbst einsehen, und sich davon überzeugen können. Ich werde dahero das Gesagte hier nur blos in kurzen Sätzen zu wiederholen haben, und mich darauf sicher verlassen können, daß ein Jeder bey wirklichem Gebrauche dieser Waschmaschine in der Erfahrung nicht nur alle diese Vortheile in ihrem ganzen Umfange als wahr finden, sondern deren noch weit mehrere und beträchtlichere von Zeit zu Zeit entdecken werde.

§. 38.

Erster Nutzen.

Erspahrung des Holzes.

Wenn in unsern Tagen die Erspahrung des Holzes einen wichtigen Artickel in der Haushaltung und in dem gemeinen Wesen ausmacher, so empfiehlet sich die Waschmaschine schon in diesem einzigen Betrachte auf das Beste. Denn da man laulichtes Wasser nur bey dieser Waschart nöthig hat; so erspahret man sicher drey Theile Holzes, die sonst bey dem ordentlichen Waschen, so wohl zum Anmachen der Lauge, und zum heisen Anbrühen der Wäsche, als während der ganzen Zeit des Waschens selbst, darauf gehen. Wer rechnen kann, überschlage, was dieses in einer grossen Haushaltung, in einer Stadt und ganzem Lande, jährlich ausmachen muß?

§. 39.

Zweyter Nutzen.

Erspahrung der Seife.

Die große Erspahrung der Seife, ist ein eben so anmerkungswürdiger Vortheil, der sich bey dem Gebrauche der Waschmaschine unwidersprechlich äussert und zu Tage leget.

§. 40.

Dritter Nutzen.

Erspahrung der Zeit und Leute.

Wie viel kommt, wie überhaupt, so sonderlich bey gewissen Haushaltungen, so wohl in Städten, als auf dem Lande, darauf an, daß die Zeit und die Leute wohl angewendet werden, und immer eine Arbeit der andern ohne großen Zeitverlust, die Hand biete. Ein neuer Vortheil, der in beyden Fällen durch die Waschmaschine erhalten wird. Man wäscht hier eine beträchtliche Anzahl Wäsche zugleich auf einmal in einer ungemein kurzen Zeit, und braucht vom Anfange bis zu Ende, nicht einmal der Zahl nach, so viel Personen, als bey dem gewöhnlichen Waschen. Ja selbst zur Bewegung der Maschine, hat man nicht einmal erwachsene Personen nöthig, sondern auch dergleichen Kinder, die, sonderlich auf dem Lande, ohnedem nicht viel Nutzen schaffen, können hier angestellet werden. Sollte diese Erspahrung der Zeit und Leute, im Ganzen und Großen genommen, nicht etwas beträchtliches ausmachen?

§. 41.

Vierter Nutzen.

Erspahrung des Waschgeschirres.

Daß man bey dem ordentlichen Waschen mehr als eine Wanne, Zober, Trog und dergleichen nöthig hat, ist Jedermann bekannt. Wie kostbar ist es, es, bey der Einrichtung einer neuen Haushaltung sich dergleichen auf einmal anzuschaffen, und so denn auch immer nachzuschaffen? Wie wenige Stücke von Waschgeschirren aber hat man bey der Waschmaschine nöthig, und der meisten kann man ganz und gar entrathen.

§. 42.

Fünfter Nutzen.

Erspahrung verschiedener Ausgaben.

Wie viel und mannigfaltig sind nicht die Ausgaben bey dem ordentlichen Waschen? Die Asche zur scharfen Lauge, das Aufbinden des Waschgeschirres, die Lichter bey Nachte, Kost und Lohn der Wäscherinnen, und dergleichen, was macht dieses zusammen nicht bey jedem Waschen aus? Bey der Waschmaschine haben alle diese Ausgaben, sowohl im ganzen, als im gewissen Betrachte, ihren grossen Abbruch.

§. 43.

Sechster Nutzen.

Jeder Ort und Raum beqvem zum Waschen.

Wie hart ist es, auf die ordentliche Art zu waschen, wo es an einem beqvemen Orte, am Raume und Platze dazu fehlet? Man hat daher in gewissen Häußern so gar eigene Waschhäußer. Und welch ein den Häußern schädlicher, und überhaupt unangenehmer Umstand ist es, wenn auf den Sälen, Gängen u. d. gewaschen werden muß. Die Waschmaschine kann bey jedem kleinen Raume, Ort und Platze angebracht und gebrauchet werden.

§. 44.

Siebender Nutzen.

Reinlichkeit, Beqvemlichkeit und Erhaltung der Gesundheit beym Waschen.

Wie viele Benässungen und Sudeleyen giebt es nicht bey dem ordentlichen Waschen? Welch eine Menge von Unbeqvemlichkeiten, so wohl der Zeit, als andern Umständen nach, äussern sich nicht dabey? Wie werden die Hände in der Lauge aufgefressen, oder sonst wund gerieben? Und was hat Rücken, Hände, Füsse, und der ganze Cörper, sonderlich im Winter, hiebey nicht zu leiden und auszustehen. Bey der Waschmaschine bleibt alles trocken und sauber; vom Anfange bis zum Ende ist alles höchstbeqvem;

qvem; und noch weniger giebet es dabey Rückenschmerzen, wunde Hände, und allerhand Anlagen zu Krankheiten.

§. 45.

Achter Nutzen.

Erspahrung der Wäsche.

Wie viel Wäsche gehet nicht bey dem ordentlichen Waschen durch das Anbrühen in scharfer Lauge, Schlagen, Reiben, sonderlich wenn es mit Bürsten oder Roßhaaren geschiehet, und dergleichen, vor der Zeit zu Grunde? Wie viel Wäsche muß man oft auf einmal sich anschaffen, um gewisse Wochen und Monate des ordentlichen Waschens entrathen zu können? Und was kostet dieses nicht? Bey der Waschmaschine wird die Wäsche in gutem Zustande erhalten, und dauert länger; und man brauchet auch in dieser Rücksicht eine kleinere Anzahl Wäsche, indem man auf diese Weise auch in kleiner Menge, und so oft man nur will, waschen kann.

§. 45.

Schluß der ganzen Abhandlung.

Und hiebey lasse ich es denn für diesesmal bewenden. Mich dünket genug erwiesen zu haben, daß diese Waschmaschine mit Recht beqvem und der Wirthschaft in allen Rücksichten höchstvortheilhaft genannt werden kann. Sollten mir, bey fernerem Gebrauche derselben, noch mehrere Vortheile, sich ihrer nützlich bedienen zu können, bekannt werden; so werde ich nicht unterlassen, auch andern, aus Menschenliebe, auf die schicklichste Art hievon Nachricht zu geben; und ich würde es mit Dank erkennen, wenn es Andere mit mir ebenfalls so halten wollten.

Fig. I.
Fig. II.
g
h
g
l
b
p
c
o
a
q
b
c
b
f
f
h
h
k
k
a
l
l
n
m
m
m
m

Jacob Christian Schäffers,

Doctors der Gottesgelehrsamkeit und Weltweisheit; Pred. zu Regensburg;
Sr. Königl. Maj. zu Dännemark Norwegen Rathes und Prof. honor. zu Altona;
der Academie der Naturforscher, zu Petersburg, London, Berlin, Upsal, Roveredo, München und Mannheim;
der Gesellschaft der Wissenschaften zu Duisburg, physischbotan. zu Florenz, histor. zu Göttingen, oeconom. zu Zelle, Bern und in der Oberlausitz, wie auch vieler deutsch. Gesellsch. Mitgliedes;
der Academie zu Paris Correspondentens.

zu dem Gebrauche und Nutzen der verbesserten Waschmaschine.

Regensburg,
verlegts Johann Leopold Montag. 1767.

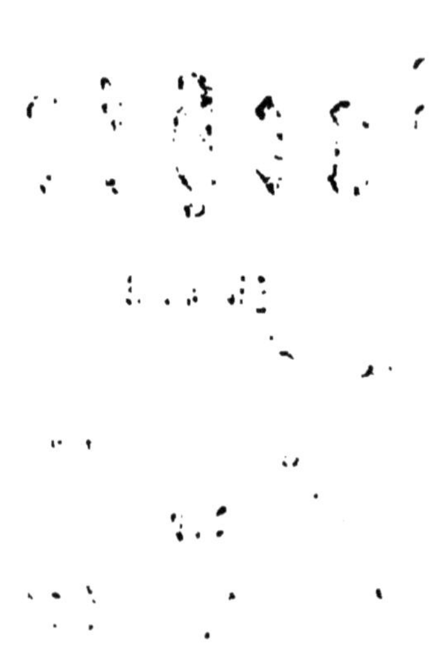

Wenn sich von dem schnellen und starken Abgange einer öffentlichen Schrift allezeit sicher und mit Zuverläßigkeit auf die gute Aufnahme und den gemeinnützigen Innhalt derselben schliessen liesse; so würde ich solches von meiner vor einigen Monaten im Drucke erschienenen Abhandlung von der Waschmaschine mit Bestande der Warheit und mit Zufriedenheit rühmen können. Denn es ist die gegenwärtige Auflage wirklich schon die dritte, welche man hat besorgen müssen.

Jedoch ich habe gegründetere Beweise und Zeugnisse vor mir, daß ich mit öffentlicher Bekanntmachung und Empfehlung der Waschmaschine dem gemeinen Wesen und vernünftigwirthschaftlichen Personen keinen wiedrigen, noch unnützen, Dienst geleistet habe. Gebrauch, Augenschein und Erfahrung, mit einem Worte Warheit und Redlichkeit, hat über Vorurtheile und Leidenschaften gesieget, Unverstand und Schwachheit aber schamroth gemacht, und thut es noch täglich.

Und eben dieser gute Erfolg ist die Ursache, daß ich mich entschlossen, in gegenwärtigen Blättern noch eines und das andere öffentlich nachzuholen, was zu weiterm sichern und nützlichen Gebrauche dieser Waschmaschine dienen kann. Es ist diese Waschart noch viel zu neu, als daß sich Jemand rühmen könnte, dabey ausgelernet, und alle mögliche Handgriffe und Vortheile schon begriffen und erforschet zu haben. Ich will dahero, ohne eine gekünstelte Ordnung zu halten, in einigen Erinnerungen dasjenige beyzubringen suchen, was Andern zu weiterm Unterrichte, Versuchen und Nachahmung dienen kann.

Erste Erinnerung.

Ich habe zwar gleich anfänglich bey der Empfehlung der Waschmaschine mich auf eigene und fremde Versuche berufen (*), und damit erwiesen, daß die Angabe kein bloßer Gedanke oder Stubenvorschlag, sondern eine **Erfahrungssache** sey. Dem ohnerachtet ist doch noch von Auswärtigen, theils bey mir selbst, theils bey Andern die Anfrage geschehen: **ob man die Wäsche der Maschine wirklich mit Sicherheit und gutem Erfolge anvertrauen könne?** Und wie kann ich dieses Auswärtigen verdenken, da es selbst hiesigen Ortes noch immer einzelne Personen giebt, welche die Sache, aus bekannten Absichten, in Zweifel ziehen, und verdächtig zu machen sich alle Mühe geben, ob sie schon, wie ich gleich gedenken werde, mehr als eine Haushaltung wissen, die aus Erfahrung wider sie und ihre seltsamen Einwürfe zeuget, und ihnen und ihrem Gerede entgegen setzet: **Komm und siehe es.**

Es verdienen also nur jene Auswärtigen, daß man ihre noch habenden Zweifel und Bedenklichkeiten zu heben, und sie des Wahren und Wirklichen noch weiters zu überführen, suche. Und kann dieses wohl kürzer und überzeugender geschehen, als wenn ich melde, daß allein derjenige hiesige Schreinermeister, an dessen Maschinen ich, aus sehr guten Ursachen, nur allein Theil nehme und nehmen kann, schon über 60 solcher Waschmaschinen verfertiget habe, wovon ohngefähr 25 verschicket worden, die übrigen aber hier geblieben sind. Auf diesen letztern ist nun bishero hiesigen Ortes wirklich, und zwar in manchen Haushaltungen, wie in der meinigen, schon mehr und wiederholter malen, und dieses allezeit mit dem besten Erfolge, Nutzen und Vortheile, gewaschen worden.

Ich will von diesem guten Erfolge, außer den schon gedachten vier Versuchen, zum Ueberfluße noch ein paar ganz neue Beweise anführen. Und

(*) Cap. II. S. 16. 18. 20.

Und es können dieselben zugleich ein wiederholtes Zeugnis von dem großen Nutzen dieser Waschart abgeben.

Vor 14 Tagen wurde in meinem Hause zum viertenmale, und zwar diesmalen eben so, wie das vorige drittemal geschehen, durch die ordentlichen Waschweiber auf der Maschine gewaschen.

Die Wäsche bestund aus 426 einzelnen Stücken. Nämlich: Tischtücher 11, Servietten 52, Hand und Küchentücher 18, Schalentücher 12, Leylachen 8, Bettzügen 6, Schürzen 35, Hemden 50, Schnupftücher 45, Hauben 31, Haubenstriche und Bänder 20, Manschetten 12, Handschuhe 4 Paar, Strümpfe 14 Paar, Oberhemder 7, Aermel 18 Paar, Halsbinden 23, Halstücher 7, Contuschen 3, Camisöler 2.

Der Waschweiber waren zwey. Man stellte diese ganz allein zur Maschine, und ließ durch sie in solcher, und zwar im Hofe und in freyer Luft, waschen, die reine Wäsche aus dem kalten Wasser auswinden und zum Trocknen aufhängen. Eine dritte Person beschäftigte sich mit dem Einseifen. An dem einen Tage wurde um 7 Uhr in der Frühe angefangen und des Abends um 4 Uhr aufgehöret. Den andern Tag wurde wieder um 7 Uhr angefangen, und bis 9 Uhr Vormittags war alles Waschen vorbey, die Wäsche aufgehangen, und die Waschweiber entlassen. Es hatte folglich die ganze Arbeit kaum 12 Stunden gedauert.

An Seife waren nicht gar 2½ Pfund verbrauchet worden, da man in vorigen Zeiten nie mit 6 Pfunden auskommen können. An Holz war eben so, wie das drittemal, unglaub'ich wenig und kaum der achte Theil so viel aufgegangen, als man sonst bey dem gewöhnlichen Waschen nöthig gehabt. Und von Lichtern hat man gar keines gebrauchet.

Gleichwol ist die Wäsche in solcher kurzen Zeit, und bey so verschiedenen Erspahrungen, dergestalt sauber und weiß geworden, als es vom ordentlichen Waschen, und zwar im Winter, und da alle Wäsche nach und nach in der Stube und am Ofen hat müssen getrocknet werden, nimmermehr wäre zu erwarten gewesen.

Dieser eigenen Erfahrung füge ich eine zweyte und fremde, außer meinem Hause, bey.

Eine gewisse Person in der Nachbarschaft hatte die größten Vorurtheile wider diese neue Waschart, und sie glaubte mit Grunde behaupten zu können, daß es unmöglich gut thun könne. Da ihr jedoch von andern und mehrern Personen versichert worden, daß sie es selbst versuchet, und so gut gefunden, daß sie nie auf eine andere Art zu waschen entschlossen wären; so kam ihr endlich die Lust an, es auch zu versuchen. Sie bath sich unsere Maschine aus; die ihr mit allem guten Willen geliehen wurde.

Die Wäsche hat, nach dem von ihr mir zugestellten Verzeichnisse in 559 einzelnen Stücken bestanden. Nämlich: Haubenstriche 18, Vorschläge 24, Schürzen 13, abgenähte und andere Röcke 5, Contuschen 7, Servietten 190, Handtücher 42, Tischtücher 8, Oberhemden 32, Unterhemden 24, Leilachen 5 Paar, Bettzügen 12 Paar, Hauben 37, Kinderhemden 18, Camisöler 6, Schnupftücher 47, Strümpfe 27 Paar.

Zu dieser Wäsche hat sie vom Anfange bis ans Ende, außer ihrer Magd, die darneben noch immer auslaufen und andere Arbeit thun müssen, nicht mehr, als noch eine Person, gebrauchet, welche beyde ganz allein einseifen, in der Maschine und aus dem kalten Wasser waschen, und auch aufhängen müssen. Das Wasser ist in einem kleinen Kessel auf dem Heerde warm gemacht, und in allem zween Tage, von 9 Uhr in der Früh bis Abends um 6 Uhr, in der Stube gewaschen worden. Was

an

an Seife und Holz erspahret worden, hat man ganz genau nicht angemerket, doch sey es in beyden Stücken, gegen sonst, beträchtlich gewesen. Und da die Wäsche vollkommen rein und weiß ausgefallen, so hat diese Person nunmehro darüber eine um so größere Freude, da es ihr in ihrem Hause an aller Gelegenheit zum ordentlichen Waschen fehlet, und sie bishero allemal über die Gasse und in meinem Hause, mit vieler Unbeqvemlichkeit, waschen müssen. Sie hat sich auch alsobald eine Maschine bestellet, und gedenket ebenfalls auf keine andere, als auf diese, Art künftig zu waschen.

Sollte es nun aber, bey diesen neuen und den vorigen angeführten Versuchen, Erfahrungen und Beweisen wohl möglich seyn, daß irgend Jemand noch fragen könne, ob sich in der Waschmaschine sicher und mit Nutzen waschen lasse? Wenigstens mag ein solcher bey seiner Meynung und Zweifel so lang bleiben, als es ihm gefällt. Ich gedenke ihn eins andern weiters nicht zu belehren.

Zweyte Erinnerung.

Bey allen den allererst nach der Warheit angeführten guten Erfolgen, ist es gleichwohl auch einigen Personen hiesigen Ortes mit dieser neuen Waschart nicht gelungen, und es würde wider die Aufrichtigkeit gehandelt seyn, wenn ich solches geflissentlich mit Stillschweigen übergehen wollte.

Bey Einigen ist die Wäsche nichts weniger, als weiß und sauber geworden; bey Andern hat man mit dem Waschen fast gar nicht zu rechte kommen können, indem alles hart, schwer und mühsam hergegangen; und noch Andere, sonderlich in einem gewissen Hauße, hat man das Unglück gehabt, daß gleich bey dem ersten Versuche die Wäsche abgerieben und ein gewisses Stück ganz und gar zerrissen worden. Man kann sich leicht vorstellen, wie wenig gutes und vortheilhaftes diese Personen der Waschmaschine, und zwar aus eigener Erfahrung, nachrühmen werden.

Allein,

Allein, ich habe theils selbst, theils durch Andere, von diesem Unsterne genaue Nachricht einziehen lassen; und es hat sich gewiesen, daß dieses eben so erfolget, wie ich es gleich anfangs in meiner Abhandlung vorhergesagt, und daher vor gewisse Stücke gewarnet habe.

Alle die Maschinen, auf welchen es so unglücklich hergegangen, sind von solchen Handwerksleuten gemacht worden, denen es an nöthiger Einsicht, Werkzeugen, Fleiße, u. s. w. gefehlet hat, und welche, allen meinen geschehenen Vorstellungen ohnerachtet, geglaubet, wenn die Maschine nur dem Kupferstiche und der Maschine eines fleißigen, geschickten, und der Sache kundigen Schreiners ähnlich sähe; so müsse sich auch gut darauf waschen lassen. Wer indessen nur ein gutes Auge und Gefühl hat, muß es gleich sehen und im Anfühlen finden, daß zwischen diesen und des Schreiners Maschine ein großer Unterscheid ist. Es sind also alle jene mislungene Versuche nicht dem Waschen selbst, sondern blos jenen Maschinen, zuzuschreiben.

Daß es bey Manchen schwer und mühsam hergegangen, oder auch die Wäsche selbst nicht rein geworden, hat sich meistentheil ebenfalls auch jenen Maschinen eräussert. Dazu ist noch gekommen, daß Manche auf einmal alle Seife erspahren wollen; Andere die ganze Maschine mit Wäsche angefüllet, und es noch überdies an dem nöthigen Wasser fehlen lassen; und noch Andere haben mit dem Umdrehen mehr gespielet, als daß sie frisch, lebhabt, und in der gehörigen Weite, das Waschwerk beweget haben. Freylich muß bey solchen Mängeln, und wenn man wider die gegebenen nöthigen Regeln auf allen Seiten anstösset, der Erfolg schlecht und widrig sich zeigen.

Und daß endlich bey Einigen die Wäsche abgerieben und gar zerrissen worden, ist von der Rauigkeit und den Splittern in jenen Maschinen, wie auch von der verkehrten Stellung und Bearbeitung der Waschknippel, und sonderlich daher entstanden, daß man sich die Handgriffe von Personen zeigen lassen, die selbst noch keine rechte Kenntniß und Uebung gehabt haben.

Will Jemand über diese erstgedachte Ursachen der Misgriffe hinaus gehen, und von daher die Sache selbst verwerfen und verschreyen, dem stehet es vollkommen frey. Genug, man hat es vorher gesaget, daß auf die Verfertigung der Maschine das meiste ankomme, und daß, wenigstens anfänglich, Aufmerksamkeit, Fleiß und Versuche dazu gehören, wenn alles gut ausfallen soll.

Dritte Erinnerung.

Jedoch ich muß selbst jenen Maschinen, auf welchen es so unglücklich gegangen, die Gerechtigkeit wiederfahren lassen, daß verschiedene Personen gleichwol mit derselben, wenigstens vor der Hand und im Anfange, gut gefahren zu seyn versichert haben; da mir hingegen auch zwey Exempel bekannt worden, wo es auf der Maschine des Schreiners gefehlet hat.

Allein, das einemal war dieses aus der vorgedachten Ursache entstanden, man hatte die Maschine bis oben an mit Wäsche angefüllet und es an Wasser fehlen lassen. So bald nun durch eine Person, die man herbey gerufen hatte, beydes abgeändert wurde, gieng alles gut und nach Wunsche.

Bey dem andern Exempel wurde eine Art der Bosheit offenbar, die man sich kaum hätte vorstellen können. Nachdem die Maschine gehörig gestellet, und dem Waschweibe befohlen worden, ohne etwas dabey zu ändern, zu waschen; so hatte dieselbe, so bald sich die Hauptperson entfernet, das Waschwerk bis auf den Boden herabgelassen, und dasselbe hierauf mit solcher Gewalt umgetrieben, daß sich nicht nur die Wäsche zwischen den Boden und Knippeln abgerieben hatte, sondern daß so gar, nachdem die Wäsche herausgenommen und das Wasser abgelassen war, sich in den Boden ein tiefer und hohler Ring zeigete, der von dem Aufstehen der Knippel entstanden war.

Dieser Bosheit hat nun zwar der Schreinermeister so gleich, und aufs künftige, damit abgeholfen, daß er ein kleines Stäbgen in die Walze der Waschmaschine fest geleimt und welches hindert, daß das Waschwerk nie mehr auf den Boden und weiter, als im größten Nothfalle seyn darf, gelassen werden kann; allein, da mir noch mehrere dergleichen Bosheiten der Waschweiber, denen man das Waschen in der Maschine hiesigen Ortes ohne Aufsicht überlassen hat, bekannt worden sind, so wollte ich fast rathen, daß alle diejenigen lieber sich alles Waschens in der Maschine begeben mögten, die nicht selbst dabey seyn können, oder der guten Gemütsart ihrer Waschweiber nicht vollkommen versichert seyn.

Vierte Erinnerung.

Es haben einige Auswärtige die Art, wie des Waschwerk eigentlich regieret werden müsse, aus dem Angegebenen noch nicht deutlich genug begreifen können! Diesen will ich es suchen auf diese Weise verständlich zu machen.

Man stelle sich vor die Waschmaschine so, daß man mit dem Gesichte gegen Mittag sehe, zur Rechten Abend, zur Linken Morgen, und hinter den Rücken Mitternacht habe. Nun ergreife man die Fahne oder den Arm des Waschwerkes mit der rechten Hand, und drehe also von der rechten gegen die linke Hand, daß die rechte Hand mit der Fahne gegen Mittag zu stehen komme und mit dem Gesichte in gerader Linie stehe. Hierauf fahre man vom Mittage gegen Abend, vor dem Gesichte und Bauche durch Mitternacht, und auf der linken Seite durch Morgen bis wieder gegen Mittag, und so dann auf die nämliche Art durch Morgen, Mitternacht, und Abend gegen Mittag herum: und dieses fort und fort wechselsweise mit einer lebhaften Geschwindigkeit hin und her; so beweget man die Maschine wie es seyn soll.

Fünfte

Fünfte Erinnerung.

Auch dieses, wie viel Wäsche auf einmal einzusetzen, wie das jedesmalige rechte Verhältnis des Wassers, uud die Stellung des Waschwerkes zu treffen seye, hat bey verschiedenen einigen Anstand gemacht.

Allein es lässet sich das erstere unmöglich genau bestimmen, und muß man es zum Anfange mit wenigem versuchen, und so dann in der Anzahl so lange hinaufsteigen, als lange man siehet, daß es gut thut. Was aber die Menge des Wassers betrift, so hat man hierinnen lieber zu viel, als zu wenig, zu thun. Das beste und sicherste Verhältniß ist, wenn die sämmtliche Wäsche im Wasser schwimmet, und, bey dem Umdrehen des Waschwerkes, das Anschlagen des Wassers sanft gehöret wird. Und was drittens die Stellung des Waschwerkes anlanget, so kan man sich im Anfange jedesmaligen Waschens, wenn das Waschwerk zum erstenmale in das Wasser gelassen wird, am besten dadurch helfen, daß die Knippel nur zween Theile naß, und der obere dritte Theil drucken bleiben, wenigstens die Scheibe über dem Wasser vorstehen, muß.

Sechste Erinnerung.

Es ist in einer gewissen Reichsstadt der Gebrauch, daß in großen Haushaltungen jährlich nur zweymal gewaschen wird. Und man kann sich leicht einbilden, daß alsdenn die Wäsche zahlreich seyn und die Arbeit, auch mit übersetzten Personen, einige Tage hintereinander dauern wird. Man hat mir dahero von diesem Orte her zu erkennen gegeben, daß daselbst das Waschen in der Maschine auf keine Weise thunlich sey.

Allein, ich glaube eben vor solche und dergleichen Orte müßte diese neue Waschart am vorzüglichsten taugen. Die ganze Sache würde, meines Dafürhaltens, nur darauf ankommen, daß man statt halbe Jahre, alle zwey, und drey Monate waschen ließe. Denn da, allem Vermuthen nach, die Waschweiber daselbst nicht zu allen Zeiten zu haben seyn, und also immer eine Haushaltung auf die andere wird warten müssen; so sind ja bey der Waschmaschine solche, und mehrere dergleichen Personen, sehr entbehrlich.

Jedoch, wer weis nicht, daß gewisse Personen lieber bey dem alten Herkommen mit Schaden und Ungemach bleiben, als etwas, auch im Grunde und in der Folge noch so nützliches, versuchen.

Siebende Erinnerung.

Es ist Einigen noch zu wenig vorgekommen, daß sich in der Waschmaschine in einer Viertelstunde nur so viel Wäsche, als es der angegebene Raum des Zobers zuläßt, waschen lasse. Man hat hierinnen eine Abänderung gewünschet! Um nun auch hierinnen gefällig zu werden, habe ich meinem Schreiner wirklich einen Gedanken angegeben, in wie ferne, aller Wahrscheinlichkeit nach, dieses könnte bewirket werden. Es hat ihm eingeleuchtet; und er ist in voller Arbeit, nach meinem Vorschlage, eine solche doppelt vortheilhafte Maschine zu verfertigen. Sollten die Versuche darauf, der Erwartung gemäß, ausfallen, so werde ich auf keine Weise damit zurückhalten, sondern ebenfalls deren Abriß, Beschreibung und Gebrauch öffentlich bekannt machen.

Schluß.

Ich kann noch einen, mir allerdings seltsam vorkommenden, Umstand zum Beschlusse nicht mit Stillschweigen übergehen, daß ich ihn vielmehr in verschiedenen Rücksichten einer öffentlichen Bekanntmachung werth achte.

Vor ein paar Wochen erhielte ich aus Magdebnrg von einem dortigen Herrn von Adel und Regierungsrathe ein Schreiben, darinn es unter andern hieß:

„Ew. — haben durch gute Erfindungen zum Besten des Publici „Beweise der Menschenliebe gegeben, und daher hoffe ich Verzeihung meines itzigen Schreibens, welches den Vortheil des Magdeburgischen Publici zum Endzwecke hat. Es hatte vor einigen „Zeiten die hiesige Zeitung einen Artikel des Innhaltes:

„der Herr Doctor Schäffer in Regensburg hat die von „der Oeconomischen Gesellschaft zu Leipzig bekanntgemachte „Waschmaschine ansehnlich verbessert, und verspricht seine „Erfindung dem Publico mitzutheilen —

„Da ein paar gute Freunde mich von Ew. — Entdeckung in der „Historie der Naturkunde hatten reden hören, so ward ich von ihnen ersuchet, Ew. — um Communication Dero Erfindung zu „bitten — — — Was die oberwähnte in Leipzig bekannte „Maschine betrift; so ist dieselbe hiesigen Ortes ungemein vielem Widerspruche unterworfen, und sie hat, wie die Inoculation der Pocken, ihre geschwornen Feinde. Ich weis kaum, ob es mehrere „Schwürigkeiten machen würde in der Türkey die Buchdruckerey „einzuführen. Man hat einen würdigen Prediger, meinen guten „Freund, der solche zu erst machen lassen, und dem Tischler (Schreiner), der sie verfertiget, recht tückische Possen gespielet, und man „hat es so gar beym Schimpfen und Belügen nicht bewenden lassen. „Indessen ist die Maschine seit einem Jahre in meinem und verschiedenen Häusern mit Vortheile gebrauchet worden; und diese „Parthey wünschet daher, das Gute noch verbessert zu sehen. Sollten

„ten also Ew. — seit der Zeit Dero Gedanken haben drucken las„sen (wie hiesige Buchhändler doch nicht wissen wollen), so würden „Dieselben mich ungemein verbinden, wenn Dieselben mir zwey „oder drey Exemplarien durch die Post übersenden wollten.

Ich bin — — —

de B — —.

Hat es diesem Schreiben nach, und im Vergleiche wie es hiesigen Ortes hergegangen, nicht das Ansehen, als sey in unsern so gerühmten erleuchteten und aufgeklärten Zeiten den Meisten schlecht damit gedienet, wenn Andere ihnen Mühe, Zeit und Kosten zu erspahren suchen? Und ob ich gleich nicht weis, ob und in wie ferne meine verbesserte Waschmaschine mit der gemeldeten Leipziger übereinkommt oder nicht, indem sie mir bis diese Stunde unbekannt ist; so bleibet es doch allezeit anmerkungswürdig, daß die Waschmaschine zu Magdeburg, wie hier, ihre abgeschworne Feinde hat, und daß einem **Prediger** daselbst eben so, wie hier, **Tücken**, **Schimpfen** und **Lügen** zu Lohne guter Gesinnungen vor das gemeine Wesen zu Theile worden sind; daß aber dem ohnerachtet von diesem Prediger und Andern, wie hiesigen Ortes, diese sich ähnlichen, oder von einander abgehenden, Waschmaschinen mit großem Vortheile genutzet werden.

Jacob Christian Schäffers,

Doctors der Gottesgelehrsamkeit und Weltweisheit; Pred. zu Regensburg; Sr. Königl. Maj. zu Dännemark Norwegen Rathes und Prof. honor. zu Altona; der Academie der Naturforscher, zu Petersburg, London, Berlin, Upsal, Roveredo, München und Mannheim; der Gesellschaft der Wissenschaften zu Duisburg, physischbotan. zu Florenz, histor. zu Göttingen, oeconom. zu Zelle, Bern und in der Oberlausitz, wie auch vieler deutsch. Gesellsch. Mitgliedes; der Academie zu Paris Correspondentens

gesammlete

gute und böse Nachrichten

von

der Regensburgischen

Waschmaschine

---

als ein

zweyter Nachtrag

zum

Nutzen und Gebrauche derselben.

* *

Regensburg, verlegts Johann Leopold Montag, 1767.

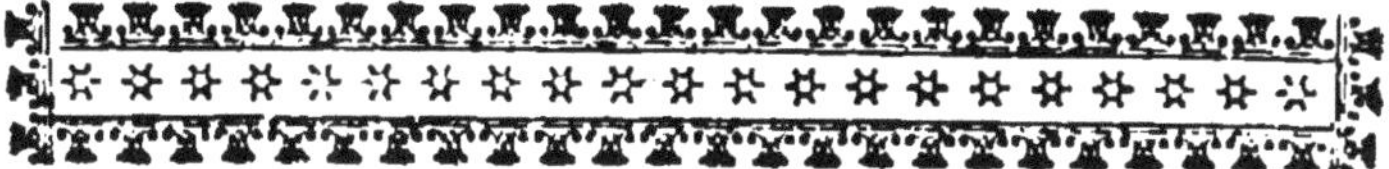

Vorbericht.

Ob es gleich niemanden in der ganzen Welt gleichgültiger seyn könnte und sollte, als mir, und es in der That auch in aller Rücksicht höchstgleichgültig ist, was von meiner dem gemeinen Wesen bekannt gemachten und angepriesenen neuen Waschart hie und da geurtheilet, ob sie angenommen und eingeführet, oder aber verworfen und bescholten werde; so glaube ich doch, daß man eben vor dieses gemeine Wesen nicht genug, noch zu viel thun könne, um tiefeingerissenen Vorurtheilen, schädlichen Verblendungen, und offenbaren Unwarheiten, sich so lange entgegen zu setzen, bis Nebel und Finsterniß vom Lichte besieget werde.

In dieser Absicht habe ich dann auch gegenwärtige Blätter der Presse zu überlassen vor gut und nöthig gefunden. Sie enthalten die guten und bösen Nachrichten die mir seit der öffentlichen Bekanntmachung der Waschmaschine von auswärtigen Orten zugeschrieben worden sind. Sie sind theils vor, theils wider, die neue Waschart. Und unpartheyischer glaube ich, kann in einer Sache von der Art wohl nicht gehandelt werden!

Da ich gleich anfänglich, aber noch mehr im ersten Nachtrage, Beweise und Exempel genug angeführet habe, daß die Waschmaschine hiesigen Ortes vollkommen gut befunden, und in verschiedenen Haushaltungen, zum größten Vergnügen, und mit dem besten Nutzen, gebrauchet werde, und welches sich denn auch seitdem noch ungleich weiter verbreitet hat und noch täglich ausbreitet; so glaubte ich, daß auswärtige Beweise und

Zeugnisse noch bessere Wirkungen thun würden, diejenigen zu beschämen, so noch immer dagegen eingenommen sind. Und da ich gefunden, daß selbst die mir zugekommenen ungleichen und scheinbar nachtheiligen Nachrichten, so beschaffen sind, daß sie, wenn man sie recht ansiehet, wirklich mehr vor, als wider, die neue Waschart sind; so habe ich kein Bedenken genommen, diese bösen zugleich mit den guten Jedermann vor Augen zu legen.

Ich habe mit guter Ueberlegung, diese Nachrichten ohne alle Erläuterungen und Anweisungen ausgehen lassen wollen, weil ich glaube, daß aus denselben einem jeden vor sich dieses genugsam einleuchten muß: thut die Waschmaschine an so vielen Orten wirklich gut, braucht eine so große Menge Leute dieselbe mit dem besten Vortheile; so muß an denen Orten und bey denen Personen, wo das Gegentheil geschiehet und gesaget wird, die Ursache und der Grund davon nicht an der neuen Waschart an sich, sondern an der Zurichtung und Behandlung der Maschine, und an denen Personen, die damit umgehen, nothwendig gelegen seyn!

Diesem zweyten Nachtrage soll, sobald sichs thun lassen wird, ein dritter folgen, worinnen ich alles dasjenige beybringen werde, was zu noch grösserer und vortheilhaftern Benutzung dieser Maschine, sowohl zum Waschen, als mehr andern nützlichen Verrichtungen, dienen und gereichen kann. Mit solchem dritten Nachtrage werde ich aber alsdenn auch diese Waschgeschichte beschliessen, und gedenken: wem nicht zu rathen ist, dem ist auch nicht zu helfen! Regenspurg den 12. Sept. 1767.

Gesammlete gute und böse Nachrichten von dem Gebrauche und Nutzen der Regensburgischen Waschmaschine.

Erste Nachricht.

Von einem vornehmen Reichsgrafen an eine hiesige hohe Gesandtschaft. N. — den 2. Febr. 1767.

Wenn Ew. Hochwohlgebohrnen auf beyliegenden Bericht mir eine Erläuterungs Antwort verschaffen können; so würde ich es mit vielen Dank erkennen ꝛc ꝛc.

Beylage.

Unterthänigster Bericht.

Mit der Waschmaschine, die nun auf das pünktlichste in allen Stücken nach der Vorschrift des D. Schäffers eingerichtet ist, haben wir folgende Versuche gemacht. Acht Servietten und 4. Handtücher, die sehr mittelmäßig schmutzig und 6. Stunden in Seifenwasser eingeweichet waren, haben wir wohl eingeseift in die Maschine gelegt, warm

Wasser gehörig drüber gegossen, das Waschwerk so nahe auf die Wäsche gestellet, als wir es vor thunlich hielten. Nachdem wir die Wäsche also eine gute viertel Stunde gearbeitet, war auch nicht ein Stück derselben ganz rein, sondern so gar die meiste Schmutzflecken noch sichtbar: überdas fanden wir eine unangenehme große Menge grober Flocken, die von der Leinwand abgerieben waren. Auch das kalte Wasser, worein wir die Wäsche legten, verbesserte nichts. Wir machten einen 2ten Innsatz, wie den ersten, und gossen auf das eingeseifte, statt Wassers, warme Lauge, und stelleten das Waschwerk um eine Stufe höher, so daß es nur gelind reiben konnte. Die Wäsche blieb nun, auch nach dem Einwässern, noch unreiner als das erstemal; aller Schmutz, der leicht mit den Händen auszureiben, war keinesweges verschwunden. Grobe Flocken fanden sich nicht, aber doch genug ganz feine, als wir die Brühe durch ein Tuch seichten.

Wenn also D. Schäfer nicht besondere Vortheile an der Maschine und deren Anwendung verschwiegen hat, so scheinen die hölzern Arme dieser Maschine nicht in Stande zu seyn, Wäsche ohne Beschädigung zu reinigen. Der Hofnung des D. Schäffers p. 28. seq. daß der eingeschlossne warme Dunst helfen, wird kein Naturkündiger beystimmen. Die Ausdehnung muß erst dann geschehen, wenn das Gefäß fest geschlossen ist; also mußte man die Maschine, nachdem sie behörig gefüllet und verschlossen worden auf Feuer setzen um das enthaltene Wasser und Luft ausdehnen können, wenn man ihr eine Verwandtschaft mit Papins Maschine zuschreiben wollte. D. Schäffer widerlegt sich zwar selbst p. 27. u. s. w. Der Zober ist aus eichenem Holze gemacht.

Die verlangte Erläuterungsantwort.

1.

— die auf das pünktlichste in allen Stücken nach der Vorschrift des D. Schäffers eingerichtet ist —

1. Wieder diese angerühmte Pünktlichkeit in allen Stücken ist gleich im Zuschneiden der Maschine darinnen gar sehr und offenbar angestossen worden, daß die Bütte oder der Zober aus Eichenholz gemacht worden ist.

D. Schäffer sagt Cap. I. §. 2. S. 11. ausdrücklich „mit dem Holze, woraus der „Zober gemacht werden soll, eine vernünf„tigen Auswahl zu halten, und habe ich gefun-

„gefunden, daß das Fährenholz hiezu „am tauglichsten ist.

Ist nun Fährenholz und Eichenholz einerley? Nebst dem so hätte kein Holz unvernünftiger zur Bütte oder Zober gewählet werden können, als Eichenholz. Jedermann weis, daß Eichenholz eine starke Lohe führet, und das Wasser färbet. Daher auch die Fensterrahmen aus Eichenholz vom Regenwetter die Wände färben. Folglich muß dieses auch ein eichener Zober oder Bütte thun, es sey dann daß er zuvor so lange mit heissem Wasser ausgebrühet werde, bis alle Lohe ausgezogen ist.

2.
— 6 Stunden in Seifenbrühe eingeweicht —

*. Abermals eine Pünctlichkeit, davon D. Schäffer nichts angegeben! Auf welchem Blatte stehet die Einweichung in Seifenbrühe von einer, geschweige 6. Stunden. Und hier würde das Sprichwort just am unrechten Orte angebracht seyn: Überflüßig schadet nicht.

3.
— das Waschwerk so nahe auf die Wäsche gestellet, als wir es vor thunlich hielten.

*. Also, diesen Worten nach, nicht die Knippel in, sondern auf die Wäsche gesetzet. Ists möglich, so zu handeln? Dieß ist eben so, als wenn die Wäscherinnen die Hände auf die Wäsche legen, und so waschen wollten. Wie aber diese die Hände unter das Wasser stecken, und die Wäsche zwischen die Hände bringen; so giebt es ja auch bey der Maschine die gesunde Vernunft, daß das Waschwerk oder die Knippel nicht auf die Wäsche, sondern in und zwischen die Wäsche gestellet werden müssen. Siehe Nachtrag. Erinner. 5.

4.

— und stellten das Waschwerk um eine Stuffe höher.

R. Noch besser, als zuvor. Denn nun sind die Knippel gar um eine Hand über die Wäsche zu stehen gekommen. Was würde man von einer Wäscherin denken, die ihre Hände eine Hand hoch über die Wäsche hielte, und behaupten wollte, sie wasche pünktlich und in allen Stücken gewöhnlich.

5.

— nicht ein Stück rein, sondern sogar die meisten Schmutzflecken noch sichtbar. — — — die Wäsche blieb nun — noch unreiner als das erstemal, aller Schmutz wollte keinesweges verschwinden.

R. 1. Hat nicht wohl anders seyn können, und es ist wunder, daß nur die meisten, und nicht alle Schmutzflecken sichtbar geblieben. Wenn eine Wäscherin die Hände auf die Wäsche leget, und so plötschert, werden wohl auch die meisten, wo nicht alle Schmutzflecken, sichtbar bleiben!

2. Ganz natürlich. Denn wenn die Knippel über die Wäsche zu stehen kommen, so lassen sie die Wäsche unberührt liegen, und was soll alsdenn die Schmutzflecken wegnehmen? Man halte tagweise die Hände beym ordentlichen Waschen über die Wäsche, wird sie rein werden? wird der Schmutz verschwinden?

6.

— so, daß das Waschwerk nur gelinde reiben konnte.

R. 1. Hätte heissen sollen: die Wäsche gar nicht berühren konnte. Eine ganz neue Waschart.

2. Ist das Reiben der Wäsche an sich schädlich, so mögte ich wissen, was die Hände thun, wenn sie waschen. Mich dünket: sie reiben; und dieß oft nur gar zu stark, ohne daß jemand dagegen etwas einwendet. Wie kommt es, daß man bey der Maschine das Reiben so fürchterlich schildert. Doch die Maschine

schine reibet wirklich nie; sondern spület nur die Wäsche hin und her, und wäschet sie in den Wasser aus.

3. Man lese des D. Schäffers neunte Regel. Cap. II. S. 23.

7. — eine Menge grobe Flocken, die von der Leinwand abgerieben war.

*. Kan gar wohl seyn. Aber woher? D. Schäffer sagt es Cap. I. §. 11. Er führt sich selbst zum Exempel an. Vorbericht S. 5. Warnet davor. Cap. II. S. 23. Ohnmöglich kan man verlangen, daß D. Schäffer vor auswärtige Maschinen, die er nicht gesehen, stehen soll!

8. — grobe Flocken fanden sich nicht, aber doch genug feine, als wir die Brühe durch ein Tuch seichten.

*. Wo diese Flocken hergekommen, ist wohl schwer zu begreifen! Vom Waschwerke und dessen Reiben nicht; denn die sind eine Hand über der Wäsche stehen geblieben. Und wenn also die blosse Bewegung des Wassers die Wäsche abgerieben hat, so muß sie gewis, alt, fasserig, und mürbe genug gewesen seyn.

2. Man gebe sich doch die Mühe, wie man es selbst gethan, und seiche bey dem ordentlichen Waschen die Brühe durch ein Tuch. Welche grosse und kleine Flocken! Und doch wäschet man mit Händen?

9. — wenn also D. Schäffer nicht besondere Vortheile an der Maschine verschwiegen.

*. Wiederleget seine ganze Schrift; und sonderlich der Nachtrag. Die Hände aber bey jedem Waschen führen, die Maschine machen, alle Hindernisse aus dem Wege räumen u. s. w. kann er freylich aller Orten nicht. Es giebt hoffentlich überall geschickte Leute, die sich von selbst in alles finden können.

10.

— die hölzernen Hände scheinen gar nicht im Stande zu seyn, Wäsche ohne Beschädigung zu reinigen.

*. 1. Ist wahr, wenn die Maschine nicht gehörig gemacht, und auf oder gar über die Wäsche gestellet, und GOtt weis, wie sonst noch gefehlet wird.

2. Daß aber hiemit die eigenen und angeführten fremden Versuche des D. Schäffers, sonderlich im Nachtrage, vor lügenhaft erkläret werden, dünket uns zu hart. Mehr mag man nicht sagen.

11.

— der Hofnung des D. Schäffers p. 23. daß der eingeschlossene warme Dunst helfen, wird kein Naturkündiger beystimmen.

*. Läßt sich mit größerm Rechte nach den richtigen Gründen der Naturlehre umkehren. Kein Naturkündiger, der die Eigenschaften und Kräfte und Wirkungen des warmen Dunstes kennet, wird den D. Schäfer seine angegebene Ursache, und Erfahrungssatz, absprechen.

12.

— auf Feuer setzen, wenn man ihr eine Verwandschaft mit Papins Maschine zuschreiben wollte.

*. Ist elend gerathen. Ist zwischen auflösen und ausdehnen kein Unterscheid? Läßt sich nie a maiori ad minus schliessen? Soll denn die Wäsche in der Maschine, wie die Knochen in des Papins Maschine über den Feuer in Brey verwandelt werden?

13.

D. Schäffer wiederlegt sich bereits selbst p. 27. &c.

*. Wo soll diese Wiederlegung stecken? Ohne Zweifel in dem, ohne ein eigen Holz und Feuer, nicht! Vielleicht im Sonnenwasser? Dieses lässet er ja auf seinen Werth beruhen.

Zweyte

Zweyte Nachricht.

A—den 13. Febr. 1767.

Euer — unvermuthete Zuschrift vom 2. curr. habe mit der grösten Ehrfurcht zu erbrechen das Vergnügen gehabt, wofür, wie auch für die hochgeneigte Uebersendung der dritten Auflage des Tractätleins von der Waschmaschine, hiemit den gehorsamsten Dank erstatte.

Meine Vermuthung, daß der Maschine bey deren unächten Gebrauch werde übel gesprochen werden, bekräftiget beyliegendes Original-Schreiben, (Beylage A.) welches mit hiesigen Exempeln, sonderlich einer Frau Nachbarin geistlichen Standes, könnte vermehret werden.

Weit mehrere Testimonia von honetten Personen, welche meine Maschine entlehnt gehabt haben, stehen in meinen Händen von derselben vortreflichen Diensten ꝛc. ꝛc.

Beylage A.

Ueber jenes unterm 19. elab. an mich in pto der Waschmaschine erlassenes, etwas satyrisch enthaltenes Zuschreiben, würde ich ehender meine weitere Gesinnung und Eröfnung ertheilt und abgegeben haben, wenn nicht theils die Entfernung von hier, theils andere Occupationen allhier, mich nicht hieran verhindert, und zuruck gehalten. Nun aber kann nicht ferner umhin, anmit nur soviel bekannt zu machen, daß des N. seine verfertigte Waschmaschine, in der That nicht übel ausgefallen, und sowohl zu Stand gebracht worden, daß man ohne Anstand damit waschen, und damit den Schmutz aus dem weissen Zeug bringen, aber nicht wie bey der Handarbeit, die Wäsch weiß und schön und rein machen kann, gleich ich solches mit Augen gesehen habe, und muß ich gestehen, daß an der Maschine deswegen nichts fehlt, und solche so recht gemacht ist, als das gedruckte Tractätl an Hand giebt, und von mir auch in costi gesehen worden. Es hat auch der hiesige N. bereits

durch

auch eine dergleiche Waschmaschine, wie er in seinem jüngstern Aufenthalt in costi auch das Absehen genommen, verfertiget, welche ich aber nicht gesehen, doch eben dasjenige, was ich von obiger erwehnt, zu vernehmen gehabt habe, nemlich, daß man wohl damit waschen, aber nichts rein und schön machen könne, und was dergleichen mehr. So begierig nun hiesige Frauen, anfänglich auf dieses Waschwerk ihr Verlangen gestellt; so aufgebracht und widerspenstig erzeigen sich nun solche hierwider, mit denen empfindlichsten Ausdrücken, ob wäre es nur zum Schaden der Wäsche; Item, es sey nur eine Knett- und Knotzerey, und könne im mindesten dabey nichts erspahrt werden, indem man zur Einsäuf- und Auswindung der Wasch, doch die erforderlichen Leuth und Weibsbilder gebrauche ꝛc. Bey solcher gestaltsame, möchte ich also wünschen, und besonders da die Maschine hier nichts neues mehr ist, solcher entübrig zu bleiben, und wann diese also noch nicht verfertigt worden, darf der Antrag weiter nicht mehr darauf gemacht, im Fall aber es nicht mehr zu retrecliren, und die Maschine ohne Schaaf, (als welches ein jeder nunmehr dahier zu machen weißt) mir übersandt werden.

Dritte Nachricht.

Wien den 23. Febr. 1767.

Euer — schätzbare Zuschrift vom 3. laufenden Monats Februarii habe ich nebst dem Nachtrag zu dem Gebrauche und Nutzen der verbesserten Waschmaschine mit vielem Vergnügen erhalten.

Eben diese gute Erfindungen und öconomische Ausarbeitungen legen einen ganz neuen Beweiß dar Dero ohnermüdeten Eifers in Beförderung der schönen Künsten und Wissenschaften, welcher in der That nichts anderst als die Wohlfarth des Staats und das Beste des gemeinen Weesens zum Gegenstand hat.

Es ist zwar an deme, daß viele Personen das Neue verhassen, und lieber bey dem Alten mit Schaden und Ungemach bleiben, als etwas in dem Grunde selbst und in der Folge noch so nutzliches zu versuchen, wovon ich selbst auf meinen Gütern die Erfahrung habe; allein diesem ohnerachtet wird gleichwohl derley Entdeckung in der Historie der Naturkunde von denenjenigen durchgehens besonders hoch aufgenommen und belobet, welche den Werth solcher guten Erfindungen in der That selbst zu schätzen wissen; wie ich dann auch meines Orts zu einer solchen verbesserten Waschmaschine und derselben Versuchenlassung ein nicht geringes Verlangen trage.

Euer Hochwürden werden mich daher ungemein verbinden, wenn Dieselbe belieben wollten für mich besagte Waschmaschine, und zwar nach dem ächten Maaß, wie selbe in der gedruckten Nachricht angemerket ist, verfertigen zu lassen, und solche mir anhero auf dem Wasser zu überschicken.

Ob nun das angezogene, und von dero Freund angerathene Mittel just für eine derley Art Schaf-Seuche mit einem erwünschten Erfolg angewendet werden könne; als lasse Dero erleuchten Beurtheilung lediglich über, welches Mittel sodann nach vorläufigem Befund verfertigen zu lassen und mir anhero zu senden bitte.

Ich erkenne übrigens mit besonderer Danknehmigkeit, daß Euer — bißhiehin mich mit der so guten und nützlichen Erfindung würklich beehren wollen; und es wird mir auch hinkünftig zu einem ausnehmenden Vergnügen gereichen, wenn Dieselbe von Dero fernern Entdeckung in der Historie der Naturkunde jedesmal was mitzutheilen ein Belieben tragen wollten; welche besondere Attention dann auch diejenige Hochschätzung bey mir verdoppeln wird, mit welcher ich stätshin bin 2c.

Vierte Nachricht.

Nürnberg den 24. Febr. 1767.

Die angepriesene Waschmaschine in dem gedruckten Berichte von Ew. — bewog mich eine nach dem Berichte und Kupferstich machen zu lassen, welche auch so ausgefallen, daß meine Frau solche nun zu fünfmalen mit vielem Nutzen und Bequemlichkeit gebrauchet. Es kommt freylich auf die Frauen an, welche, wenn sie nur nach der so deutlich geschriebenen Vorschrift giengen, wohl damit waschen könnten. Ganz Nürnberg redet von der Waschmaschine, und mehr als 30 Personen haben die Meinige gesehen, dem ohngeacht habe noch nicht viele darzu bereden können, hoffe aber doch noch meinen Zweck zu erhalten.

So wie ich höre, sind 2 Regenspurgische verfertigte Maschienen hier, der Gebrauch ist aber wider die Vorschrift, mithin ohne Nutzen, gemacht worden. Herr Obrist von E. hat schon seit 6 Jahren eine dergleichen aber von der ersten Sorte ohne Sattel, die Knippel senkrecht hinunter nicht gebogen, welche jedoch auch nach dessen Herrn Aussage ihre Dienste gethan. Die Meinige will mir besser gefallen, zumalen wenn die kleinen Fehler, die der Meister bey der ersten nicht sogleich treffen können, verbessert werden, schade nur, daß die Art des Holzes nicht benahmt ist. Ich bin willens, Stange, Scheibe und Knippel, von Weißbuchen machen zu lassen, die Probe wird es zeichen, ob ich recht gethan. Vielleicht giebt Ew. — Nachtrag mehrern Bericht.

Fünfte Nachricht.

Wien den 12. Merz 1767.

Ich habe nebst denen überschickten gedruckten Schriften von dem Schiffer die Waschmaschine wohl conditionirter erhalten. Ich erkenne mit ganz verbundenem Dank Dero dißfalls gehabte Besorg- und Bemühung, und werde nunmehr auch nicht ermanglen die ersten Versuche davon von einer hierzu tauglichen und geschickten Person machen zu lassen.

Da man nun auf denen hierländischen Fabriquen mit der Woll-Wäscherey bißhiehin nicht allzuwohl zu recht kommen können, sondern selbe be meistentheils einiger Beschwerlichkeit ausgesetzet gewesen; so ist befunden worden, daß auf dieser neu erfundenen Waschmaschine die Woll sauber und weisserer gewaschen, mithin andurch denen Woll-Fabriquen im Lande eine nicht geringe Erleichterung verschaffet werden könne. Eben dieser doppelte Vortheil, welchen man von ersagter Waschmaschine ziehet, kann von dem Publico nicht anderst, als hochgepriesen werden.

Wie sehr nun Euer — sich angelegen seyn lassen, die schöne Künste und Wissenschaften je mehr und mehr zu befördern, davon leget das mir gütig übersendete erste Papier aus denen sogenannten Tannenzapfen einen abermaligen Beweiß an den Tag, und glaube auch, daß die vorhabende Dedicirung eines neuen Theils der Papier-Versuche von Sr. Königl. Hoheit dem Herzogen zu Teschen eben so huldreichest aufgenommen werden dörfte, als derley vorherige Theile der Papier-Versuche von Sr. jetzt regierender Röm. Kayserl. Majest. bereits allergnädigst aufgenommen worden sind.

P. S. Daß auch die neu erfundene Waschmaschine, wie oben angeführet worden, zur Woll-Wascherey füglich gebrauchet werden könne, habe ich beyliegenden Beytrag selbst gemachet, und glaube, daß, da ermeldte Woll-Wascherey mehrere Stärke als die übrige Wäsche, brauchet, auf solche Art, wo unten die 2 grössere breite Hölzer überzwerch gegen einander gehen, die Wolle sauber und schön gemachet werden könne.

Sechste Nachricht.

Brunn den 15. Merz 1767.

Euer — danke recht höflichst vor den mir gütigst überschickten Nachtrag zu der schon vielen beliebten Waschmaschine, obschon gedachte Waschmaschine, der Zeit her, einige Vorurtheile, wie alle neue Erfindungen unterworfen gewesen, so wird doch der wahre Nutzen davon,

den

den Ew. — durch die gütige Publication dessen, dem gemeinen Besten haben zufliessen lassen, von Tag zu Tag sich vergrössern und ausbreiten.

Ich muß gestehen, daß ich bey Erblickung des Tractats, so mir von meiner gnädigen Herrschaft zugeschickt worden, um meine Gedanken darüber zu vernehmen, was ich von dieser Maschine hielte, eine ungemeine Freude gehabt. Da ich nun in meinem unterthänigsten Bericht gemeldet, wie ich diese Maschine auf das beste ausgesonnen befände, und mithin an den versprochenen Nutzen gar nicht zweifeln könnte, so erhielte sogleich Befehl, eine dergleichen machen zu lassen, welches ich auch um soviel leichter und lieber auf mich nehmen konnte, weilen ich von meiner Jugend auf, ein ungemein großer großer Liebhaber von mechanischen Wissenschaften bin, so daß ich, ohne mich zu rühmen, keinen Schreiner noch Drechsler aus dem Weg gehen darf, so konnte das, was Schreiner und Bütner daran versehen, selbsten verbessern. Sobalden diese Maschine fertig war, so war meine Frau schon bereit, aus Neugier eine Prob nach Dero gütigen Vorschrift zu machen, welches ihr auch das erstemal schon so gut gelungen, daß sie sogleich eine große Wäsche damit vorgenommen hat, womit sie, nebst ihrer Magd auch in so kurzer Zeit und mit so wenig Seiffen und Holz, und die Wäsche doch so vollkommen ohne einigen Schaden zu leiden, weiß geworden, daß sie darüber in ein ausserordentliches Erstaunen gerathen, wovon mein Herr Schwager ein Augenzeug mit gewesen, und da eben an demselben Tag mein gnädigster Herr hieher gekommen, und diese Prob mit angesehen, so haben Sie ebenfalls eine rechte große Freude darüber bezeuget. Weil nun meine Frau jederzeit bey großen Wäschen gewesen, und wohl weiß, was das ordinaire Waschen vor Mühe und Kosten erfordert, so verlanget solche in ihrem Leben nicht mehr anderst, als mit dieser Waschmaschine zu Waschen.

In N — scheint gedachte Waschmaschine fast in einen üblen Ruf zu kommen, weilen wie ich höre, einigen, so darinnen gewaschen, aus ganz neuen Hemdern, ganze Stücker wären herausgerissen worden, ich werde aber nächster Tagen selbsten dahin kommen, und da ich ohnedieß ein sehr guter Freund von dem dasigen Herr N. bin, so werde gar bald finden, ob der Fehler der Verfertigung der Maschine, oder denen Wäscherinnen, zuzuschreiben ist. (*)

An der ganzen Invention wüßte ich nicht das geringste auszusetzen. Ich habe zwar zum Fuß oder Untersatz, anstatt eines Creuz, einen Dreyfuß genommen, weilen man selten einen so ebenen Boden antrift, wo das Creuz nicht etwas wanken sollte, hingegen der Dreyfuß aller Orten fest stehen muß. Das Loch unten im Schaff zu dem Hahnen, habe mit einem conisch zugespitzten glüenden Eisen durchgebrannt, weilen die Bohrer gerne Splitter verursachen, welches zwar zur Hauptsache nichts beyträgt. Sollte ich aber durch fernern Gebrauch noch etwas zu verbessern finden, so werde, wenn es mir gütigst erlaubt seyn wird, nicht ermangeln solches zu berichten.

Siebende Nachricht.

Brunn den 19. Merz 1767.

Daß mein Schreiben an den Herrn Doctor Schäffer sowohl ist aufgenommen worden, erfreuet mich ebenfalls, und bitte Denenselben gelegenheitlich nebst meiner höflichen Empfehlung zu melden, daß ich in N. gewesen und die dasige Waschmaschine in Augenschein genommen, welche ich von der Verfertigung derer Handwerks-Leute sehr schlecht befunden. Das Schaff ist zwar von dem Büttner so ziemlich glatt und gut gemacht; hingegen ist das Waschwerk, so nur durch einen Wagner ist ver-

(*) Siehe die folgende 7te Nachricht.

verfertiget worden, desto schlechter ausgefallen. Erstlich war der Stab, woran die Scheibe mit den Knüppeln befestiget waren, nicht von gleicher Dicke, daß man das Waschwerk hoch oder tief stellen oder stecken könnte, wie es doch seyn muß, sondern es war nur ganz oben bey dem obersten Loch, gedachter Stab, daß er sich herumdrehen ließ; ich konnte ihm mit aller Gewalt um kein Loch höher bringen, mithin mußten die Leute so waschen, wie es in das oberste Loch gestecket war, und die Knüppel kaum 2 Finger breit von dem Boden des Schaffs stunden; woraus leicht zu ersehen, daß wann nur 2 bis 3 Hemder, geschweige, wann mehrere Wäsche hinein gekommen, solche zusammen gequetscht und verdorben werden müßen. Zweytens waren die Löcher an diesem Stab über ein quere Hand breit von einander gebohrt. Drittens waren die Klüppel so rauh und voller Riße, daß die Wäsche auch davon alleine schon großen Schaden hat ausstehen müssen. Nachdem ich den Herr N. oberzählte Fehler angezeigt, hat Er mir versprochen, solche sogleich ändern zu lassen, seitdem aber habe ich nichts mehr davon gehört. Ich werde aber diese Woche noch dahin schreiben, um Nachricht davon zu erlangen.

Achte Nachricht.

B — den 19. Merz 1767.

Die Waschmaschine ist wohl behalten hier angelanget. Meine Frau danket mit mir ganz gehorsamst für die hochgeneigte Bemühung und Besorgung. Die erste Probe, welche sie mit etwas wenige Wäsche gemacht, wolte nicht gerathen. Sie urtheilte aber selbst, daß das Wasser allzulau, und der Lauge zu wenig dabey möchte gebraucht worden seyn. Sie verbesserte dieses in der zweyten Probe, und die schluge weit besser aus. Vorgestern machte Sie die 3te Probe bey sehr vieler klarer und grober Wäsche, und diese ist vollkommen gut ausgeschlagen. Sie ist mit der Menge dieser Wäsche, die in mehr als 200. großer und kleiner Stücke bestanden, in einem Tage fertig worden, womit Sie

sonst

sonst 2. volle Tage würde zugebracht haben, und dieß war schon ein Vortheil im Lohn und Kost zweyer Wäscherin, dann in Feuer und Licht. Der andere Vortheil war, daß sie ¼ Seiffe weniger gebrauchte, als sonst. Aber ohne Verdruß gieng es nicht ab. Das böse Geschlecht der Wäscherin und Domestiquen hatten hunderley Einwendungen zu machen, und ihr Gespötte zu treiben. Wäre meine Frau, der GOtt überhaupt viel Weisheit eine Haushaltung zu führen, gegeben hat, nicht so standhaft gewesen, die Sache durch zu setzen: so würde die gute Maschine ein Gespött blieben seyn. Nun aber, da die viele und große Wäsche so glücklich und schön zu Stande gebracht worden: so erheben sie nun die Wäscherinnen selbst, und loben sie. Es werden auch schon mehrere Personen hier lüstern, sie zu probiren, und nachmachen zulassen. Die Vortheile, die meine Frau dabey beobachtet, sind 1) daß nicht zu viel Wäsche, sonderlich große Stücke auf einmahl eingesetzt werden, sonst wird die Maschine zu schwer zu drehen, und die Wäsche wird nicht rein. 2) daß nicht zu wenig, auch nicht zu viel Wasser und Lauge, dann 3) das Wasser nicht zu lau genommen werde, doch auch nicht sied heiß. Alle Dinge wollen ihre Maaße und Vortheile haben. Es werden mit uns noch viele Dero glückliche Invention loben, und Deroselben mit uns Dank wissen. Die Besorgnisse, die Wäsche selbst möchte nothleiden, ist bey uns weggefallen. Nur dieß muß noch gedenken, daß die Einzäpfung der runden Walze in die kleine Scheibe, an welcher die Geißfüße vest gemacht sind, bald Anfangs sich bey der Einzäpfung abnutzete, und sich ohne die Geißfüße herum drehete. Meine Frau ließ daher die Einzapffung mit einem 4. eckischen Eisen Plech füttern, und unten auch die Walze viereckig beschlagen. Nun muß es halten. Wenn mirs aber meine Frau gleich gesagt hätte: so hätte Meßing, und nicht Eisen dazu nehmen lassen, weil das Eisen leicht rostet, und es Eisenflecken geben kann, wenn Wäsche daran komme. Diese remarque kann vielleicht zur nützlichen Nachricht dienen. (*)

Neun=

(*) Davon wird allerdings in dem künftigen 3ten Beytrage eine mehrere Verbesserung vorkommen.

Neunte Nachricht.

Brünn in Mähren den 14. May 1767.

Vor 3. Wochen habe die gütigste Einsendung des 2ten Theils des hochzuschätzenden Insectenwerkes samt 16. Exemplarien der so nützlich, als bequemen Waschmaschine, und 1. Exemplar der Tabackclyster richtig erhalten, erstatte dafür die schuldigste Danksagung.

Die Waschmaschine, der Zober, samt Deckel von Eichen, das übrige von Weißbuchen Holz ist so treflich gerathen, daß bey dem ersten Versuch die Wäsche rein, und sauber befunden worde. Die Waschmaschine ist mein bester Haußrath, es wird bey mir auf keine andere Arth mehr gewaschen, und zwar mit besten Erfolg; 11. derley Maschinen, sind bereits für gute Freunde verfertiget worden; hoffe in kurzen, daß im ganzen Lande diese nützliche Maschine wird zum Gebrauche bekannt werden.

Zehende Nachricht.

Augspurg den 12. Merz 1767.

Was die hiesige Waschmaschine selbst betrift, so sind solche anfänglich nach Dero Vorschrift gemacht, hernach aber von hiesigen geschickten Leuten verbessert, und nach hiesiger Art, die Wäsche weißer zu bringen, geändert worden. Ueberhaupt aber kommen diese Maschinen mehr in Ab- als Aufnahme, dann der hiesige alte Schlendrian bey den Weibspersonen nicht abzubringen, indem es heißt: so hat meine seel. Mutter und Großmutter gewaschen, und sind doch auch gescheide Leute gewesen. von den Waschweibern gar kein Wort anzuführen.

Eilfte Nachricht.

Inspruck den 16. Jun. 1767.

Was der Versuch unserer so spät zurecht gebrachten Waschmaschine für eine gedeyliche Würkung gehabt, geruhen Ew. — aus der Anlage zu erkennen, und über die vorgetragene Anstände diebeliebige Auskunft zu geben.

Versuch der zu Innspruck verfertigten neuen Waschmaschine.

Es sind 243. grosse, mittlere, und kleine einzelne Stücke nach vorgeschriebener und von Herrn D. Schäffern selbst versuchten Art in ein und zwanzig Einsätzen in dieser neuen Maschine gewaschen worden.

In dem erstern Einsatz, zweyten und dritten, 15 feine Mannshemder mit Manschetten; in dem vierten und fünften, 12. derley Hemder ohne Manschetten; in dem sechsten, 4. Nachtleibel mit beinernen Knöpfen, 4. Schlafhosen, 2. Handtücher; in dem siebenten, 5. Schlafhosen, 1. Handtuch; in dem achten, 13. Paar Unterziehstrümpfe, in dem neunten, 4. Paar weiß seidene Strümpfe, 7. Paar Spitzmanschetten, welche anstatt in ein Säcklein, in einen zwirnenen Strumpf eingenähet waren, Schlafwerk von Cattun, 2. Schlafhauben, 2. weise Tüchel, 23. Halsbinden; in dem zehenden und eilften, 45. gefärbte Schnupftücher mit Tobackflecken, in dem zwölften, 6. Küßzichen, 5. Barttüchel, 4. Balbiertücher, 6. Handtücher; in dem dreyzehenden, 3. Handtücher, 17. Servieten, Weiberröckel, in dem vierzehenden und funfzehenden, 12. Weibeshemder, von Dienstmägden; in dem sechzehnden und siebenzehnden, 12. Schürzen, welche nicht eingeseifet worden; in dem achtzehenden, neunzehenden und zwanzigsten, 6. Betttücher; in dem ein und zwanzigsten, 6. Küchentücher, und ein dergleichen, in welchem dem ganzen Winter ein Käß naß eingeschlagen ware, und ist solches vorhero nicht einmal eingeseift, und dennoch ganz rein gewaschen worden.

Die ersten dreyzehn Einsätze sind ohne mindeste Lauge; die übrigen aber mit einer durch ein zweyfaches Tuch durchgelassene Lauge gewaschen worden. An Seife brauchte man zu dieser Wäsche 3. Pfund.

Diese gesammte Wäsche ist von 9. Uhr frühe bis Abends 7. Uhr mit 3. Persohnen nicht nur allein in der Maschine, sondern auch aus dem kalten Wasser gänzlich rein, schön, und gut gewaschen und aufgehängt gewesen: ohngeachtet man viel mehr Stücke in einen Einsatz als der Herr Doctor nahme. Alle in dieser Wäsche gewesste Flecken, so gar auch jene, so von dem Bissen bekannter Thiergen herkommen, und welche in den gemachten Versuche des Herrn D. selbsten nicht ausgebracht worden, sind in diesem Versuche gänzlich ausgegangen; nur jene Flecken allein ausgenommen, so in dem Hemden von dem Schwitz unter dem Armen, verursachet worden, bey welchem zwar die von der Kleidung eingedrungene Farb ausgegangen, allein der Fleck selbsten verblieben. Es sind aber auch diese Flecken bey dem sonst gewöhnlichen Waschen mit sehr vieler Mühe, öftern Einseifen und Reiben, dennoch sehr hart heraus zu bringen.

Weilen der Herr D. in der öffentlichen Kundmachung dieser verbesserten Waschmaschine so viele Menschenliebe zeiget, so schmeichelt man sich auch, es wird solcher die bey diesem Versuche gefundene Anstände und Unbequemlichkeiten gütigst aufnehmen, und die darob machende Anfragen, wie solchen abzuhelfen wäre, seiner hohen Einsicht gemäß beliebigst beantworten.

Erstens ist diese hier gemachte Waschmaschine mit allem Fleiß nach vorgeschriebenem Maaß verfertiget worden, und auch, wie es der gemachte Versuch zeiget, sehr gut ausgefallen; allein es ist solche so hoch, daß sowohl Manns als Weibspersohnen von kleinem Schlage mit aller Mühe kaum die Wäsch einlegen, noch viel beschwerlicher aber diese herausnehmen, und ausballen können, mithin ist die Frage, ob man nicht diese Maschine um eine starke quere Hand abnehmen dörfte, ohne hierdurch die Würkung des Dunstes zu hindern?

Diese Unbequemlichkeit kann vielleicht auch daher kommen, daß der hiesige Werkschuh mit dem Regenspurgischen nicht übereinstimmt, dahero man die Höhe der Maschine mit einem weißen, und die Breite mit einem rothen Faden beyschliesset.

Zwey-

Zweytens, ist der Zoberdeckel samt dem Waschwerk sehr schwer, folgsam nach jedem Einsatze mit vieler Mühe und Beschwerde abzuheben, und auf die Seite zu schaffen. Dem aber glaubte man abzuhelfen, so ferne man in dem obern Boden des Ortes, wo man pfleget zu waschen, 2. Rädlein fest machte; mit Hilfe derer man nur dem Deckel in die Höhe ziehen dürfte, und sodann wider herablassen.

Drittens, so groß die Gemächlichkeit des Untersatzes oder Creutzes und die angebrachte Pipe ist, so viel Zeit nehmen beede hinweg.

Erstens, weilen es nicht so hoch seyn kann, um ein so großes Geschirr unterzusetzen, welches das unlautere Wasser fassete, und das zweyte, weilen das Wasser als zu langsam ausfliesset. Diesem nun würde auch abgeholfen seyn, wann die Maschine wie schon gemeldet, dürfte abgenommen werden; weilen in diesem Fall die Maschine ganz leicht könnte umgestürzet werden, folgsam wäre das unlautere Wasser viel geschwinder ausgeleeret, und hiemit würde ein sehr merkliches an der Zeit ersparet.

Viertens, hat man erfahren, daß auf vorgeschriebene Art in der Maschine zu waschen ein sehr beträchtliche Menge Wasser, und fast um die halbscheid mehr, als bey dem sonst gewöhnlichen Waschen erfordert werde. Dahero ist die Frage, ob man nicht mehrere Einsätze gleicher Gattung, und gleich beschmutzter Wäsche in dem nämlichem Wasser waschen könnte, oder aber ob es ohnumgänglich nöthig ist, zu jedem Einsatze auch ein anders warmes Wasser zu nehmen.

Anmerkung.

Auf alle diese Anfragen ist theils schon besonders geantwortet worden, theils wird es zum allgemeinen Besten auch noch weitläufiger in dem nächst zum Vorschein kommenden 3ten Nachtrage geschehen.

Zwölfte Nachricht.

Stuttgardt den 17. Jul. 1767.

Indessen hatte ich auch Besuch von einer grossen Vertheidigerin der Waschmaschine. Es war die Frau Oberamtmännin von Nürtingen 5 Stunden von hier. Diese fragte mich, ob ich diesen Herrn in Regenspurg nicht auch kennete, der die berühmte und Ihr so viel Dienst leistende Waschmaschine erfunden hätte? Meine Antwort ist leicht zu errathen. Sie bathe mich Euer Hochwürden vor Sie und die sämmtliche Nürtinger Frauen das allerverbindlichste Compliment und Danksagung zu machen, mit dem Vermelden, daß Sie sich sämmtlich vorgenommen hätten, an Euer Hochwürden eine schriftliche Danksagung zu machen; sie glaubten aber damit einem solchen Herrn mehr beschwerlich zu fallen, sonst würde es gewiß geschehen seyn. Sie bestellt alle Maschinen selbsten, und seynd deren in Nürtingen schon über 60 Stuck durch Sie bestellt worden, womit Sie aller Orten Ehre eingelegt hat. Sie gebrauchet aber auch diese Vorsicht, daß sie, wo es möglich, das erstemal selbst beym Waschen ist, und sagt durch eigene Erfahrung alle Vortheile, damit man durch ungeschicktes Waschen der Maschine ihren Preiß nicht nimme. Sie erzählte mir, wie Sie erst kurz sogar zu Adelichen aufs Land zum Waschen wäre gebethen worden, welchem Sie auch eine Maschine hätte machen lassen, und wäre das Waschen ebenfalls sehr wohlgerathen. Nun kommen auch verschiedene Maschinen durch Sie hieher, weil es hier an einem solchen geschickten Meister fehlet. Diese Frau ist von einem solchen Vermögen und Stand, daß Sie nicht nöthig hat, sich vor andere Menschen so viele Mühe zu geben. Sie ist aber vor die Waschmaschine auf das äusserste portirt.

Dreyzehende und letzte Nachricht.

Vorgebürge der guten Hofnung in Africa den 30. April 1767.

Auch ersuche Ew — mir im kleinen das Model der von Ihnen neuerfundenen Waschmaschine, die hier so sehr bewundert wird, zu übersenden, um allhier eine grosse darnach machen lassen zu können.

D. Jacob Christian Schäffers

dritter und letzter

zum

Gebrauche und Nutzen

der Regensburgischen

Waschmaschine

---

darinnen

von einigen weitern Verbesserungen und Vortheilen derselben Auskunft gegeben

den vorigen guten und bösen Nachrichten neue hinzugefüget

und

die versprochene Abbildung und Beschreibung der doppelten Waschmaschine mitgetheilet wird.

Nebst zwo Kupfertafeln.

Regensburg, verlegts Johann Leopold Montag, 1768.

Vorrede.

Daß Waschweiber, und andere ihres gleichen, mit der Waschmaschine nicht zufrieden seyn, sondern sich durch Schmähen an ihr rächen würden, das habe ich vorausgesehen, und hat mich also, da es hie und da so erfolget ist, gar nicht befremdet; daß man aber ein gelehrtes Tagbuch einem Ungenannten dazu leihen und preiß geben werde, in solchem es fast ungezogener und ausgelassener zu machen, als vieleicht noch von keinem Waschweibe geschehen seyn mag, das, ich muß es bekennen, habe ich nie vermuthet, sondern würde es, wenn man es mir blos erzählet, und ich nicht selbst gelesen hätte, vor eine solche Finde gehalten haben, wodurch man unseren erleuchteten, unpartheyischen und gesitteten Zeiten, und einem gelehrten Buche, ein böses Geschrey zu machen vermeyne.

Versuche und Erfahrungen sind, wo ich nicht irre, bisher unter andern eine Ursache gewesen, warum man unserm Jahrhunderte vor vielen vorigen einen Vorzug gegeben hat; und dennoch sind eben solche Versuche und Erfahrungen mit der Waschmaschine dasjenige, wovon es in jenem Tagbuche heißet: sich selbst lächerlich machen — ausposaunen — ganz und gar unanständig — so unverbesserlich, als möglich — sehr zweifelhafter Nuzen — übertriebene Lobeserhebungen — unmöglich — u. s. w.

Aber eben aus diesem Grunde mögen auch diese Vorwürfe auf dem Werthe beruhen bleiben, den ihnen diejenigen geben werden, die

meine

meine Schriften gelesen, und mit der Waschmaschine Versuche gemacht haben; ohne daß ich darauf, und auf zwo andere vorige, auch allenfalls künftige, Beurtheilungen meiner Schriften einen Buchstaben antworte. Leuten, die in Spöttereyen, Wortspielen, Andichtungen und Verdrehungen ihr Vergnügen und Ehre suchen, denen, so ihren Aussprüchen trauen, mit Fleiß Staub in die Augen werfen, und sogar Muth genug haben, einer Menge der glaubwürdigsten Personen, und worunter einige von hohem Range sind, Hohn zu sprechen, und deren Versuche und Erfahrungen vor lächerlich, unanständig und unmöglich zu erklären, gehet man am sichersten stillschweigend aus dem Wege, lässet sie sich selbst über, und übet gegen sie aus, was Salomo saget: **einem Klugen ist es ehrlich, daß er Untugend überhören kann.**

Meine gute Absicht, das gemeine Wesen mit der Waschmaschine bekannt zu machen, ist völlig erreichet; und meine diesfals ans Licht gestellte Schriften sind dadurch reichlich belohnet und gecrönet worden, daß man nunmehro nicht nur Haushaltungen, sondern ganze Gegenden und Länder, nennen kann, wo die Waschmaschine eben so nützlich eingeführet ist und gebrauchet wird, als man es von ihr gerühmet hat. Ehre genug vor diese Maschine, daß sich Tausende bey dem Gebrauche derselben glückwünschen, und mir die Bekanntmachung, Empfehlung und Verbesserung derselben verdanken!

Erstes Capitel.

Neue Verbesserungen und Vortheile der Waschmaschine.

Da ich in gegenwärtigem Capitel dasjenige beyzubringen mir vorgesetzet habe, was sowohl von mir und andern an der Maschine vor weitere Verbesserungen, und deren Beurtheilung zum Nachahmen oder Verwerfen ich jedem selbst anheim gebe und überlasse, vorgenommen worden sind, als auch unter was vor neuen Handgriffen und Vortheilen der nützliche Gebrauch der Maschine ausgebreiteter und leichter befunden worden; so will ich, um diese beyden Absichten desto sicherer und auf das kürzeste zu erreichen, alles in besonderen und eigenen Erinnerungen vortragen, damit ich mich auch in dem folgenden um so deutlicher darauf berufen könne.

Erste Erinnerung.

Es ist von Verschiedenen bey mir angefraget worden, ob sich die Waschmaschine nicht auch mit einem Wasserwerke verbinden und auf diese Weise, mit verschiedenen Vortheilen, zugleich waschen lasse?

Diese Frage hat der hiesige Papiermacher, Meckenhäuser, durch die That entschieden und ins Werk gesetzet. Er hat die Waschmaschine (*) mit dem Querbalken, (**) der den Brunnen schöpfet, (***) in Verbindung gebracht (†); und dadurch gemacht, daß wenn der Querbal-

(*) Tab. I. Fig. I. A. (**) o. o. o. (***) m. n. (†) g. h. i. k.

balken, durch die Stange, (*) so an der Kurbe (**) des Kammrades (***), welches zugleich den Holländer treibet, in die Höhe gestossen wird, die Zähne (†) der Scheere den Trilling (††) der Waschmaschine, und das mit ihm verbundene Waschwerk, von der rechten zur linken Hand herumdreher; und daß wenn hierauf der Querbalken wieder herunter fällt oder gezogen wird, die Zähne der Scheere den Trilling, und das mit ihm verbundene Waschwerk, von der linken zur rechten Hand wieder zurücke stossen. Und wer begreift nicht hieraus, daß, auf diese Weise, das Waschwerk in der Maschine eben so beweget und die Wäsche in dem verschlossenen Zober auf die nämliche Art gewaschen werde, als es ordentlicher Weise da geschiehet, wenn eine menschliche Hand den Arm des Waschwerkes von der rechten zur linken, und so umgekehret, beweget. Und damit ich eine Sache ohne Noth nicht zweymal sagen darf, so will ich mich auf die hinten angeführte Erklärung der ersten Kupfertafel berufen haben, nach welcher man sich von dieser Waschart durchs Wasser die nöthigsten Begriffe und Vorstellungen wird machen können.

Daß diese Waschart in verschiedenen Rücksichten ihre eigenen und grossen Vortheile habe, wird kaum eines Erinnerns gebrauchen. Erstlich, lässet sie sich überall da anbringen, wo das kleineste fliessende Wasser, oder sonst schon ein Wasserwerk ist, als z. B. auf allen Stampf- Mahl- ja so gar auch Windmühlen, auf Eisenhämmern, Bergwerken u. s. f. Sodann, erspahret man hierbey nicht nur viel Zeit, indem eine Person blos auf und abgehen, und, nach dem Einlegen der Wäsche bis zum Herausnehmen, einer andern Arbeit obliegen, oder den zweyten Einsatz durch Einsäufen und sonst zu bereiten kann; sondern auch alle die Kräfte, die sonst bey dem Umdrehen der Maschine mit der Hand, sonderlich wenn es eine Person ohne Abwechselung tagweise treiben soll, verwendet werden müssen. Und endlich, so würde man an manchen Orten auf diese Weise so gar eigene Gemeinwaschhäuser nach dem Beyspiele anlegen können, wie man an manchen Orten Gemeinöfen zum Brodba-

(*) Tab. I. Fig. I. A. p. q. (**) r. (***) s. s. (†) l. l. (††) d. d.

backen, und dergleichen, angerichtet hat. Ja ich erinnere mich, daß in Augsburg wirklich ein ähnlicher Gemeinort, auf dem Frohnhofe genannt, schon vorhanden ist, wo, vor die Erlegung eines geringen Geldes, eine ganze Menge Leute zugleich ihre Wäsche zu waschen pflegen, und wo alle nöthige Geschirre und Bequemlichkeiten vorhanden sind. Wie leicht liesse sich an dem dasigen Leche, und mithin überall wo Flüsse und dergleichen Gewässer sind, auch ein solches Gemeinwaschhaus anlegen, wo hundert und mehr Waschmaschinen durch ein einiges Wasserrad könnten in beständige Bewegung gesetzet werden, und davon der Nutzen vor eine ganze Stadt und Gemeine nicht gering seyn würde.

Zweyte Erinnerung.

Da es nicht zu leugnen, daß die Abhebung des Zobers, weil das ganze Waschwerk mit ihm verbunden bleibet, und also zugleich mit abgehoben werden muß, etwas beschwerlich und zeitverlustig ist; so haben Einige auch hierinnen eine Abänderung und mehrere Bequemlichkeit gewünschet.

Ob ich nun gleich gestehen muß, daß ich bey allem eigenen Nachdenken, und Unterredungen mit andern, noch nichts erfinden können, wodurch erstgedachten Unbequemlichkeiten auf eine allgemeine und vollkommene Weise abzuhelfen wäre; so will ich doch lieber diejenigen drey und vier Arten, die, obgleich nur in gewissen und bedingten Umständen den verlangten Nutzen schaffen, zur Prüfung und weiterm Nachdenken vorlegen, als die Sache gänzlich mit Stillschweigen übergehen.

Die erste Art ist diejenige, so der vorerwähnte hiesige Papiermacher sich ausgedacht hat. Er hat nämlich an dem obersten Ende der Walze, an welcher unten das Waschwerk sich befindet, einen eisernen Ring umlegen, und solchen in eine Art von Stängelgen auslaufen lassen (*), woran ein Strick (**) fest gemacht und angebunden werden kann.

(*) Tab. I. Fig. I. A. f. Fig. II. e. (**) Fig. II. f. f. f.

kann. Dieser Strick läufet oben über eine Rolle (*), und endiget sich mit einem ledernen Ringe (**), der unten angeknüpfet ist. So oft der Deckel mit dem Waschwerke abgehoben werden soll, wird der lederne Ring mit beyden Händen angefasset, und damit niederwärts gezogen. Der Deckel und das Waschwerk gehet auf diese Weise leicht und geschwind in die Höhe; und wenn alsdenn, der Strick in einem irgendwo fest gemachten Haaken (***) eingehänget, und der lederne Ring an einem der Waschkneppel gestecket wird, so bleibet das Waschwerk, samt dem Zoberdeckel, schräg, unbeweglich und sicher hängen.

Allein, da diese Art von Aufziehung des Deckels und Waschwerkes diese Unbequemlichkeit hat, daß sie mit der Hand, aus allen Kräften, bewirket werden muß; die Hände aber zu der Zeit, wenn sie beym Waschen durch die Lauge und warmes Wasser weich und mehr, als sonst, empfindlich gemacht worden, zu so etwas am wenigsten tüchtig sind; so will ich eine andere vorschlagen.

Diese zweyte Art gründet sich auf diejenige Gattung von Fenstern, Leuchtern u. s. w., die bey der geringsten und fast unmerklichen Anwendung der Kraft, wie man es haben will, und gleichsam von selbst, auf und niedergehen, und überall, bey Nachlassung der Kraft, da stehen bleiben, wo man sie gelassen hat. Die Grundursache dieses Zugwerkes ist allezeit in einem sichtbaren oder verborgenen Gegengewichte zu suchen, welches die ganze Schwere des Fensters, Leuchters u. s. w. hat.

Man befestige also an dem äußersten Ende der Walze des Waschwerkes, durch eine Schraube, oder wie man es sonst vor gut befindet, einen Ring von Eisen oder Messing (†). Man nehme alsdenn einen Strick (††); an dessen einem Ende ein Haaken (†††), an dem andern Ende aber ein gleich zu bestimmendes Gewicht (‡) angeknüpfet ist, und lasse solchen oben über zwo Rollen (‡‡) laufen. Wenn nun das erstgedachte Gewicht

(*) Tab. I. Fig. II. g. (**) i. (***) h. (†) Tab. II. Fig. I. e. (††) f. f. f. (†††) e. (‡) h. (‡‡) g. g.

Gewichte ganz genau eben so viel wieget und schwer ist, (wie es denn, zu diesem Zwecke, auf das pünctlichste eben so viel wiegen und schwer seyn muß,) als Zober und Waschwerk zusammen wiegen und schwer sind; so begiebet sich Deckel und Waschwerk, bey der geringsten Aufhebung desselben mit der Hand, wie von selbst und so weit in die Höhe, als man es verlanget, bleibt aber augenblicklich in derjenigen Höhe stehen und schweben, allwo man die Hand zurückgezogen hat. So bald man aber hinwiederum mit der Hand den Deckel und Waschwerk berühret und nur etwas niederwärts drücket; so senket sich beydes auch wieder nieder, und schließt zuletzt den Zober zu. Und diese Art mögte, wie mich dünket, da, wo sie sich anbringen lässet, wohl die beste seyn!

Jedoch eben darum, weil sie, wie die erste Art nur an gewissen Orten anzuwenden ist, so hat sich ein hiesiger Bürger, der gar wirthschaftlich ist, durch folgende Veränderung der Maschine, und welche die dritte Art seyn mag, die ich vorzuschlagen habe, zu helfen gesuchet.

Er hat nämlich den äußern Theil des Deckels (*) an dem Waschzober (**) fest machen und einfalsen; den innern Theil des Deckels aber mit einem vorlaufenden False also zurichten lassen, daß er etwas über den festgemachten Theil übergreifet (***). Und da die Querleiste (†) zugleich über diesen innern Theil hinlaufet und mit ihm, wie mit dem Sattel und übrigen Waschwerke verbunden ist; so wird auf diese Weise, nicht der ganze Deckel, sondern nur der innere und bewegliche Theil desselben mit aufgehoben, wenn das Waschwerk vom Zober ab oder darauf gethan wird. Der Nutzen davon soll dieser seyn, daß das Waschwerk nicht so schwer als mit dem ganzen Deckel ist, folglich leichter und geschwinder behandelt werden kann. Nebst diesem hat man auch statt des Hahnes, in dem festgemachten und äussern Theile des Deckels eine Oeffnung anbringen lassen, aus welcher das Wasser gelassen, und beym Waschen mit einem Stöpsel (††) verschlossen wird.

(*) Tab. I. Fig. IV. b. (**) a. (***) c. c. (†) b. b. (††) d.

Und dieser dritten Art mag den auch noch die vierte beygezählet werden, die man mir von Nordhausen gemeldet hat, und welcher in der bald folgenden zehenden Nachricht gedacht werden wird.

Dritte Erinnerung.

Da sich manche von dem Creutze oder Dreyfuße, so einige statt des sonstigen Untersatzes gebrauchen, keinen rechten Begrif haben machen können, so habe ich solchen auch in der Abbildung mitzutheilen nicht unreben geachtet. Siehe Tab. II. Fig. III.

Vierte Erinnerung.

Ja, selbst das mitgetheilte Maas hat an einigen Orten Irrungen gemacht, weil man den Regensburgischen Maasstab mit einem andern verwechselt hat. Man hat also auch hierinnen allen Misgriffen abzuhelfen, den hiesigen Maasstab auf Tab. II. Fig. V. vorstellig machen wollen.

Fünfte Erinnerung.

Man wird sich aus meiner ersten Schrift von der Waschmaschine, noch mehr aber aus dem darauf gefolgten ersten und zweyten Nachtrage erinnern; wie es einigen mit dieser Waschart nicht gelungen, sondern darum verunglücket sey, weil die Waschweiber und Mägde aus Bosheit, oder doch aus Unvorsichtigkeit, das Waschwerk so tief hinunter gelassen, daß die Knippel völlig auf den Boden zu stehen gekommen sind. Freylich ist dadurch das Umdrehen nicht nur schwer und fast unmöglich geworden, sondern es hat auch die Wäsche ganz begreiflich verletzet und abgerieben werden müssen. Diesem auf immer vorzubeugen, ist unumgänglich nöthig, daß an der Walze des Waschwerkes ein fest eingezäumtes Stäbgen, welches auf beyden Seiten hervorstehet und auf dem Sattel zu liegen kommt, (*) da angebracht werde, wo das Wasch-

(*) Tab. II. Fig. I. c.

Waschwerk auf das tiefste herunter gelassen werden kann, nämlich so, daß die unterste Fläche der Knippel 4 bis 5 Finger hoch von dem Boden des Zobers abstehen.

Sechste Erinnerung.

Obgleich die einige Art, wie die Knippel des Waschwerkes am besten und dauerhaftesten eingelassen und damit verbunden werden können, die Anheftung mit hölzernen Nägeln und ein fleißiger Grad ist; so bleibet doch gleichwol auch diese Befestigung, weil es Holz mit Holz betrift, und welches noch dazu im Wasser quillt und im freyen wieder eingehet, dem Nachgeben, Wackeln und einer beständigen Flickerey unterworfen. Wer also diesem allen ausweichen, und die Knippel in dem Grade auf allezeit fest und unbeweglich haben will; der lasse um die Scheibe, und die daselbst eingepaßte und mit hölzernen Nägeln befestigte Knippel einen meßingenen oder kupfernen Ring (*) legen. Nur muß wohl darauf gesehen werden, daß der Ring theils aufs schärfste und fleißigste anliege, theils so glatt als möglich polirt werde, damit nichts an demselben vorstehe, scharf, rauh oder ungleich sey. Durch dieses Hülfsmittel stehen sie bey meiner Maschine seit Jahr und Tag, des bisherigen öftern Gebrauches ohnerachtet, auf das festeste und unbeweglichste.

Siebende Erinnerung.

Da die Walze des Waschwerkes in die Scheibe durch einen vierkantigen Zapfen eingepasset ist; so hat sich bey öfterm Gebrauche eine Unbequemlichkeit geäußert, auf die man anfänglich nicht gefallen ist. Da auch hier Holz mit Holz verbunden, und eben so, wie vorgedacht worden, dem abwechselnden Aufquellen und Vertrocknen unterwerfen ist; so kann es wohl nicht anders seyn, als daß nach und nach nicht nur der Zapfen selbst lucker, sondern auch die Kanten desselben sich abreiben, und rundlich werden, zuletzt aber die Scheibe selbst abfallen muß. Auch diesem Uebel hat man seit dem damit abgeholfen, daß man den Zapfen, so

 weit

(*) Tab. I. Fig. II. d.

weit er in das vierkantige Loch der Scheibe schliesset und zu stehen komme, mit Blech, Eisen, und am besten mit Kupfer oder Messing umlegen und gleichsam übersüttеren lassen. Durch diese Vorsorge ist man sicher, daß die Walze so lange in der Scheibe fest halten und bleiben werde, als lang das Waschwerk selbst dauert.

Achte Erinnerung.

Man hat in der Erfahrung gefunden, daß die Wäsche, so außerordentlich schmutzig, fleckig u. s. w. ist, und sonderlich die Wäsche dererjenigen Handwerksleute, die im Feuer, Ruß, Holz, Staub u. s. w. arbeiten, dadurch in der Maschine am besten und geschwindesten rein werden, wenn man sie beydes auf der äußern und innern Seite einseifet, und einmal auf diese Seite, und das andere mal auf jene Seite, einleget und so wäschet.

Neunte Erinnerung.

Weil alle Flecken und Unreinigkeiten, die vom Blute der Menschen oder der Thiere herkommen, und denen die Wäsche der Köche, Metzger, u. s. w. beständig und am meisten ausgesetzet ist, sich sehr stark in die Wäsche einsetzen; so darf man bey der Maschine nur die einzige Vorsicht brauchen, daß man dergleichen Wäsche, nie, wie es bey anderer Wäsche allerdings angehet, ohne vorher einzuseifen, in das Wasser bringe. Wird dieses übersehen, und wirft man solche Wäsche, ohne sie eingeseift zu haben, in das warme Wasser der Maschine, oder wohl gar in kaltes Wasser, so verstocken, wie es die Wäscherinnen nennen, dergleichen Flecken vom Blute, dergestalt, daß sie kaum in der zweyten und dritten Wäsche gänzlich vergehen. Seifet man aber dergleichen Wäsche, und sonderlich die Flecken, mit einer feuchten Seife trocken ein, und lässet sie alsdenn eine kurze Zeit im warmen Wasser liegen; so darf man sicher darauf rechnen, daß die Wäsche gleich das erstemal rein und sauber aus der Maschine kommen werde.

Zehen-

Zehende Erinnerung.

Ist denn die Waschmaschine nur blos zum Waschen der Wäsche und nicht auch zu andern Sachen tauglich? Diese Frage hat man mir mehrmalen zugeschrieben und vorgeleget; und ich bin nunmehr im Stande dieselbe thätig, nämlich mit dreyen Beyspielen, zu bejahen und zu erweisen.

Ein hiesiger bürgerlicher Säckler bedienet sich derselben zum Waschen der Beinkleider, Handschuhe u. s. w. Und er hat mich versichert, daß sich verschiedene dieser Stücke in gewissen Umständen weder so leicht, noch so rein und schön, mit Händen waschen ließen, als es in der Maschine geschehe.

Ein Wollenhändler hat die Probe gemacht, seine Wolle, Strümpfe, u. s. w. in der Maschine zu reinigen; und er hat mir mit Freuden erzähler, daß dieser sein Versuch überaus wohl ausgefallen seye.

Vornämlich aber hat der oben gedachte hiesige Papiermacher, die Maschine zum Waschen seiner Filse mit angewendet. Und er hat mir nicht mit Worten genug es verdanken können, ihm auch zu dieser vortheilhaften Sache den Weg gebahnet zu haben. Denn da er sonst fast wöchentlich 1 Tag vor 4 und 5 Gesellen zu diesem Filswaschen, als unnütz, rechnen müssen; so versähe itzt diese Arbeit ein einzelner Geselle, sey jedesmal in einer Stunde fertig, und könne so gar in der Zwischenzeit, da die Filse in der Maschine gewaschen werden, hie und da andern Gesellen noch helfen, oder selbst die und jene Arbeit thun.

Und es ist wohl gewis, daß diejenigen, deren Sache es ist, sich Arbeit und Kosten zu erspahren, und die nachdenken können und wollen, noch auf mehr andere Arten sich durch die Waschmaschine Nutzen und Vortheile würden verschaffen können.

Zweytes Capitel.

Neuere Nachrichten von dem Gebrauche und Nutzen der Waschmaschine.

Ob ich es gleich bey den schon mitgetheilten Nachrichten, wie andere bey dem Gebrauche der Waschmaschine gefahren sind, könnte bewenden lassen; so habe ich doch aus zwo Ursachen auch die folgenden neueren nicht vorenthalten wollen. Einmal, weil in denselben manche gute Erinnerungen vorkommen, nach welchen man sich zu nehmen hat, um Fehler zu vermeiden, und Vortheile zu erlangen. Sodann, weil diese den vorigen nicht nur eine Bestärtigung seyn, sondern auch erweisen, daß die Waschmaschine an allen Orten, wo man recht damit umgehet, gleichen Nutzen und Vortheile schaffet, und ihr Gebrauch je länger je allgemeiner werde. Und damit man nicht etwan, nach dem in der Vorrede gedachten Vorgange, auf den Einwurf falle, daß noch die Frage sey: ob es mit diesen Nachrichten auch seine Richtigkeit habe, so habe ich bey den gegenwärtigen hin und wieder so gar die Unterschrift der Namen stehen und mit abdrucken lassen.

Erste Nachricht.

Harburg den 28. April 1767.

Kaum werden Euer Wohlgebohren, meine Bezahlung für die Schäffer'sche Schrift von der Waschmaschine erhalten haben: so bezeigen Dieselben Dero hochgeneigtes Wohlwollen gegen mich schon wieder durch Ueberschickung einer neuen in solche Sache einschlagende Piece, welche mir richtig zu Handen gekommen ist. Ich habe mir die Maschine nach der erstern Schrift so gleich allhier nachmachen lassen. Wenn recht damit umgegangen wird; so thut sie alle Wirkung, die man nur hoffen und ver-

verlangen kann. Hingegen wo man in jener fehlet: so ist es mit der letztern geschehen. Dieses versichere ich aus eigener Erfahrung. Das hiesige Frauenzimmer aber ist so dagegen eingenommen, daß es nichts davon sehen und hören mag; sondern darüber bitter spottet, ohne sich die Mühe zu geben, die Sache erst zu untersuchen und zu erfahren. Es ist aber auch kein Wunder: den die Maschine hat ein Mann erfunden; sie verringert einen großen und beträchtlichen Theil der Verdienste des Frauenzimmers im Hause; die armen Mägde und Wäscherinnen würden dadurch zu viel geschonet. —— Und wie? Spinn- und Wirkmaschinen haben die Männer schon erfunden; wenn sie nun erst vollends auf eine Nähmaschine kämen, wenn sie auch noch, ausser dem Bratenwender, eine allgemeine Kochmaschine hervorbrächten: wie wenig würde denn das weibliche Geschlecht in der Welt mehr gelten können? Ich wüßte hernach kein anders Metier für sie, sich in Ehren zu erhalten, als das Versemachen. Ich möchte doch Dero Fräulein Schwester Gedanken hiervon wissen — —.

J. G. Angerer.

Zweyte Nachricht.

Frankenhausen, den 5. Sept. 1767.

Billig erwarten Sie liebe Frau Schwägerin von mir einen Bericht, von dem mit der Waschmaschine angestellten Versuche. Ich könnte es ganz kurz machen. Ich dürfte nur sagen, unsere Wäsche hat die Vollkommenheit nicht erreicht, sie ist aber gleichwohl besser gerathen, als man es erwartete. Dieses ist Ihnen aber, ich weis es schon, nicht genug. Lassen Sie sich also erzählen, daß Oberhembden, Servietten so nicht sehr eingeschwärzet, Nachtmützen, welche so schmutzig waren, als möglich, baumwollene Strümpfe, bunte Schürzen, Weiberhemder, so rein geworden sind, als man es nur wünschen kann, ja, ich kann zur Ehre der

Wasch-

Waschmaschine und zur Schande unserer Wäscherinnen sagen, daß jetzt benannte Wäsche weisser aussiehet, als diejenige, so wir dieses Frühjahr haben waschen lassen. Was nun aber sehr eingeschwärzte, und mit braunen Brüh- und andern Flecken versehene Servietten betrift, auch Domestiquen Handtücher, so sind solche nicht ganz rein geworden. An Seiffe kann vieleicht künftig etwas mehr menagirt werden. Denn dermahlen machte die Furcht, man möchte uns, wenn dieser erste Versuch fehl schlüge, auslachen, daß wir nicht gar zu sparsam damit umgehen liessen. Eben diese Furcht machte auch, daß wir in allen Stücken gar pünktlich zu Werke giengen, und hierdurch geschahe es, daß wir ziemlich viel Zeit brauchten. Daß schmuzige Servietten, Hand- und Küchentücher nicht völlig weis geworden sind, darf uns gar nicht wundern, alle diese Wäsche, auch das Bettzeug, wird bey dem hiesigen schlechten Wasser ohne Lauchen selten, ja niemals, weiß. Wolte man nun diese Weitläuftigkeiten auch der Waschmaschine vorgehen lassen, so ist zu vermuthen, daß sie auch an fetten Brühflecken ihre Gewalt beweisen werden. Dieses und vieles andere mus eine mehrere Erfahrung uns lehren. Daß aber überhaupt diese Erfindung dem Erfinder Ehre macht, bleibt allezeit unleugbar.

von Beulwitz.

Dritte Nachricht.

Stuttgardt, den 15. Sept. 1767.

Euer — werden glauben, ich hätte meine Schuldigkeit zu schreiben gänzlich ausser acht gelassen. Ich versichere aber, daß ich solche niemals vergessen werde. Die Frau Oberamtmännin von Nürdingen ist aber dißmalen einig und allein Schuld daran, daß Dero geehrtestes so lange mußte unbeantwortet lassen. Sie versicherte mich von einer Zeit zur andern, selbst hieher zu kommen, um noch mehrers von der berühmten Waschmaschine mit mir mündlich zu sprechen, weil sie sich nicht getraue an an einen — — Gelehrten, wie Euer — seyn, selbsten zu schreiben. Gestern war also der Tag, wo ich die Ehre hatte, Sie bey mir zu sehen, und im Beyseyn noch mehrerer Frauen, ein Waschcollegium zu hören. Ich setze Ihre eigene Worte bey, welche also lauteten: „Ich habe Herrn „D. Schäffer, noch tausend Dank zu erstatten, und werde noch durch „einen Herrn, der besser an Gelehrte zu schreiben weis als ich, meine „grosse Verbindlichkeit vor die Waschmaschine versichern lassen. Ich wa„sche bis dahero alles darinnen, und finde besonders am Holze und der „Zeit eine grosse Menage. Man muß aber wohl acht haben, daß man so „wohl in der Wärme des Wassers, als auch im Trillen der Maschine, „selbst keinen Fehler mache. Ich wolte nur wünschen, daß ich bey einer „jeden ersten Wasche, die in der Maschine geschehen solle, selbst zugegen „seyn könnte, so solte es gewiß niemalen fehlen. Allein die Waschweiber, „und Mägde, machen manchmal die größten Fehler selbsten, weil es „etwas wieder ihre alte Gewohnheit ist, die sie oft aus lauter Bosheit „nicht begreifen mögen. Ich habe nun bey diesen Leuten durch gedrungen, „und wasche nicht mehr anders. Ich habe bereits vor andere gute Freun„de, so wohl in Nürdingen, als auch auswärts, 36. Maschinen verferti„gen lassen, die sehr wohl gerathen seyn, indeme wir hierinnen einen ge„schickten Schreiner haben, Namens Weidenbach, der lange in Regens„burg bey einen Meister gearbeitet hat, und die Ehre hat Herrn D. Schäf„fer gar wohl zu kennen. Alle übrigen Vortheile des Waschens bestehen „hauptsächlich im Einreiben der Seife, und daß man die getrillte Wäsche, „wo es möglich ist, über Nacht in der Seife, und so dann wieder im kal„ten Wasser über Nacht, liegen lasse.„

Meine Schwester, die eine zimlich starke Haushaltung hat, bestelle sich wirklich auch eine Maschine, wo wir beyde, so bald solche bey Handen seyn wird, auch unsere Kunst daran selbsten machen wollen; zumalen da uns alle Vortheil hievon bekannt seyn, und wovon ich sodann die weitere Nachricht zu melden die Ehre haben werde — —.

Allkoferin.

Vierte Nachricht.

Preez, den 20. October 1767.

Euer — Waschmaschine habe ich auch hier eingeführt. Sie fand anfänglich eine große Wiederrede; aber der Augenschein beweißt ihren Nutzen so klärlich, daß itzt beynahe jederman dafür eingenommen ist. Man hatte schon vorher einmal einen Versuch mit der stenderischen Maschine gemacht, welcher aber nicht glückte; weil unwissende Leute daran gekünstelt, und um das Trocknen des Holzes zu verhüten die Einschnitte in die Falzen so lang gemacht hatten, daß die Seitenwände einen Finger breit von einander stunden, und die Wäsche nothwendig zerreissen mußten — — .

Woldemar Graf von Schmettau,
General en chef, Kammerherr und Ritter.

Fünfte Nachricht.

Amsterdam, den 27. October 1767.

Euer — Waschmaschine findet hier zwar einigen, aber bey weiten nicht einen allgemeinen, Beyfall. Ein gewisser Mann zu Hoorn in Nord-Holland verfertiget dieselben zu verschiedenen Preisen, und hat bishero etwann 50 Stücke verkauft. Wir haben für unsere Haushaltung auch eine von diesem Meister machen lassen, und zwar in Ansehung des Preises von einer mittlern Sorte. Sie kostet 12 fl. 10 kr. Wir befinden uns dabey überaus wohl, und bezeugen in Wahrheit, daß diese Art des Waschens der gewöhnlichen Manier in allen Stücken weit vorzuziehen ist. Ja wir würden uns keinesweges wunderen, wenn dieser neue und sehr beträchtliche öconomische Vortheil allenthalben und durchgehends ambabus manibus angenommen würde, weil der Nutzen gar zu handgreiflich ist. Allein daß

daß solches nicht geschiehet, daran ist blosserdings das unüberwindliche Vorurtheil und der starke Eigendünkel gewisser Leute schuld — — .

Christian Seppe und Sohn.

Sechste Nachricht.

Zürch, den 7. Ocober 1767.

Die von Euer — heraus gegebene Invention, einer besondern Waschmaschine, hat in hiesiger Stadt alle Approbation erhalten, wie dann bereits, fast in allen hiesigen Häusern von Distinction eine dergleichen angeschaft worden, und welche ein hiesiger Müller, nach dem Kupfer, so ich ihm vorgeleget, gleich auf das erstemal fast gänzlich accurat verfertiget hat — — .

Leipold.

Siebende Nachricht.

Cassel den 21. December 1767.

Die Waschmaschine ist zu rechter Zeit angekommen, sie hat alle Approbation gefunden und wird häufig nachgemacht — .

von Hagen.

Achte Nachricht.

Göttingen den 5. Dec. 1767.

Die Antwort, welche Euer — auf die von mir in dem Hannöverischen Magazine gemachten Zweifel in Ihren ferneren Zweifeln und Schwürigkeiten der Insectenlehre zu ertheilen beliebt haben, und die auf eine Art abgefasset ist, die nur wahren Gelehrten eigen ist und solche von dem Haufen der lermenden seichten Recensenten unterscheidet,

 hat

mich zu einem Danke verpflichtet, den ich hiemit zu bezeugen suche. Ich wünsche nichts eifriger, als daß Ew. — zum besten der Naturhistorie bis auf das späteste diejenigen Kräfte behalten mögen, die zur Fortsetzung Ihrer nützlichen Arbeiten nöthig sind. — — —

Uebrigens habe ich auch die Ehre zu melden, daß mein Schwieger-Vater, Herr Professor Hollmann, die Waschmaschine nachmachen lassen und wir das Vergnügen gehabt haben, deren Brauchbarkeit gegründet zu finden. Als das Zeug gereiniget war, wurde wieder frisches Wasser hinauf gegossen, und die Maschine noch etwas in Bewegung gesetzt, wodurch die Wäsche also ausgespült wurde, welches sonst eine weitläuftige Arbeit ist — —.

Johann Beckmann,
Prof. Phil. extraor.

Neunte Nachricht.

Leipzig, den 18. Jan. 1768.

Für das beygelegte Geschenk der Nachrichten von der Waschmaschine danke gehorsamst. Binnen kurzem hoffe Ihnen mit einer Abbildung einer noch weiter abgeänderten Waschmaschine aufzuwarten. Diese Maschine legitimiret sich immer weiter, so daß die Feinde und Neider nützlicher Anstalten doch einmal zum Stillschweigen, wo nicht zur Ueberzeugung, werden gebracht werden.

Daß Ew. — von solchen widrig gesinnten Personen allerley unglimpfliche Behandlungen erfahren müssen, schmerzt mich und geht mir nahe. GOtt gebe es den blinden Leuten zu erkennen, wie übel sie thun, wie sehr sie gegen die große Pflicht der Menschenliebe verstoßen, wenn sie

sie an ihrem unschuldigen gutmeinenden Nächsten so ihr Müthgen kühlen — — .

D. Schreber.

Zehende Nachricht.

Nordhausen, den 13. Jan. 1768.

Die Waschmaschine, so Ew. — zum Besten des gemeinen Wesens im Drucke bekannt gemacht, hat nunmehro auch hier ihre Liebhaber gefunden. Die beste Sache hat in Anfang ihren Wiederspruch, so aber hier, bey dieser Gelegenheit, mehr von einem unrechten Gebrauche, als einer andern Ursache, hergerühret. Ehe Dero Tractat gesehen, so ist von Magdeburg ein Model geschickt, so aber mehr der stenderischen ähnlich gewesen. Ich habe eine darnach gemacht, und würde es auch dabey gelassen haben, wenn mir nicht Herr Con-Rector Haacke Dero Tractat mit den Rissen gegeben hätte. Nach diesen habe die erste verfertiget, so einer von unsern Obern probiren lassen, solche vor gut behalten, und mir bezahlet. In Ansehung des Deckels habe ich einige Veränderung versuchet, ich will solche mit Dero gütigen Erlaubniß, hier bemerken. Ich habe die mittelste Leiste, wo die Stange durchgehet, mit dem Sattel alleine zwischen die beyden Ehrdauben gepasset, und mit einer hölzernen Schraube befestiget, welche auch statt eines Handgrifs dienet. Die Leiste ist oben an beyden Seiten abgefalzet, und auf jeder Seite ein halbrunder Deckel in die Nuth und Falz aufgepaßet. Will man nun Zeug hinein legen, oder herausnehmen, so hebet man einen halben Deckel auf, es gehet solches leichte, und geschwinde, da das Waschwerk ungehindert stehen bleibet. So lange ich es nicht besser weiß, bin ich Willens in Vorrath dergleichen zu machen. Ich würde schon stärker daran gearbeitet haben, wenn ich nicht in Dero Tractat bemerket, daß

Ew. — die gütige Gesinnung haben, noch einen dritten Nachtrag heraus zu geben, und hiermit zu schliessen. Dieser ist bey uns noch nicht bekannt. Darf ich Ew. — gehorsamst bitten, so gelieben Dieselbe den Bringer dieses zu benachrichtigen, wo dieser dritte Nachtrag zu haben ist. Dieser wird sorgen, damit derselbe so bald als möglich hieherkomme. Es ist von Leipzig eine Rollmaschine her geschickt, so ein Mensch alleine ziehen kann, auch allein aufhüpfet, und sich wieder hebet, wenn die Wäsche wieder darunter geleget. Es ist solche 2 Ellen breit, und 4 Ellen lang. Die Bewegung geschiehet auf zweyerley Art. Sollten Ew. — dergleichen noch nicht haben, fänden aber einen gütigen Gefallen, ein Model zu sehen, so rechne es mir zur Ehre Ihnen damit aufzuwarten.

Johann Gottfried Spree.

Eilfte Nachricht.

Oedenburg in Ungarn, den 28. Jenn. 1768.

Die Waschmaschine, welche Ihro Gnaden, Herr Graf v. Laßberg, hat kommen lassen, thut in meinem Hause die vortreflichsten Dienste. Ich kann nicht begreifen, wie man das erstemal damit umgegangen, daß selbige den gehörigen Dienst und Wirkung versaget. Im vergangenen November habe ich mit zwey Einsätzen 30 Stück häußlichen Leinwandes waschen lassen; und da mir gleich die erste Probe von statten gegangen, und ich meine Wäsche schön weiß und sauber aus der Maschine heraus bekommen; so habe in etlichen Tagen darauf 204 Stücke mit etlichen Einsätzen waschen lassen, welche mir auch sehr wohl gelungen. Nun werde ich noch einige Versuche anstellen und diese Waschmaschine nachmachen lassen zum Gebrauch meines Hauses. — —

M. Joseph *Torkos.*

Drit-

Drittes Capitel.

Beschreibung der doppelten Waschmaschine.

Obgleich in meinem Hause auf der ordentlichen Waschmaschine alles so gut und leicht gewaschen wird, daß man nach einer andern noch nie Verlangen geäußert hat; so haben doch Andere gewünschet, auch eine solche zu haben, in welcher theils mehrere Wäsche auf einmal, theils in kürzerer Zeit alle Arten der Wäsche, auch die unreineste und schmutzigste, könne gewaschen werden.

Der hiesige geschickte burgerliche Schreiner, M. Simmerding, hat sich daher auch über eine dergleichen Maschine gemacht, und nach den Versuchen, die in seinem Hause und von andern hiesigen Ortes, darauf gemacht worden sind, soll sie allerdings die vorgedachten zwo Bedingungen erfüllen, und darinnen vor der ordentlichen, und der ich zum Unterscheide nun den Beynamen der einfachen Waschmaschine geben will, einen merklichen Vorzug haben.

Ich nenne diese neue Maschine die doppelte Waschmaschine, weil sie aus Schlag und Wiederschlag bestehet, und mithin gleichsam doppelte Dienste thut, oder bey jedem einfachen Umdrehen des Waschwerkes zweymal zugleich gewaschen wird.

Diese doppelte Waschmaschine kommt in allen Stücken mit der ordentlichen einfachen überein; nur diese drey ausgenommen, darinnen sie von jener abgehet.

Ein-

Einmal, ist der Zober (*) etwas weiter. Zweytens sind statt der dortigen 6 Knippel, hier nur 5 Knippel (**). Und endlich drittens befinden sich an der innern Seitenwand des Zobers vier halbrunde Hölzer (***), denen ich den Namen der Wiederschläge geben will, und welche die Hauptsache bey dieser Maschine ausmachen.

Diese Wiederschläge stehen übers Creutz gegeneinander, sind einen Schuh lang, halbrund, und laufen oben und unten rundlich aus (†). Sie müssen, wie die Knippel, aus hartem guten Holze gemacht, auf das sauberste glatt polirt, und ja nicht rissig, rauh, noch ungleich seyn. Sie werden von dem Zober vermöge zwoer eisernen Schrauben (††), die aber ja nicht durchgehen müssen, mittelst eines Schraubenziehers also befestiget, daß das meiste flache Theil an dem Zober genau und fleißig der halbrunde Theil aber anschlüße, in dem Zober frey stehe.

Wenn in dieser Maschine gewaschen wird, so ist von selbst abzunehmen, daß die Wäsche an diese Wiederschläge beym Hin- und Wiederdrehen des Waschwerkes zweymal angeschlagen, und hierdurch also verursachet werde, daß die aufgelösete Unreinigkeit um so stärker ausgespühlet werde.

Da, wie oben gedacht ist, in meinem Hause auf dieser Maschine nie gewaschen worden; so muß ich den Nutzen derselben blos auf der zugesicherten Erfahrung des Schreinermeisters, und auf die Erfahrung derjenigen beruhen lassen, die es versuchen wollen.

Erklä-

(*) Tab. II. Fig. I. a. a. Fig. II. c. c. (**) Tab. I. Fig. I. d. (***) Tab. I. Fig. I. i. i. i. i. Tab. II. Fig. II. b. b. b. b. b. b. (†) Tab. II. Fig. II. b. b. b. b. b. b. (††) Tab. II. Fig. II. e. e.

Erklärung der Kupfertafeln.

Erste Tafel.

Vorstellung, wie die Waschmaschine zum Waschen der Wäsche und der Filse auf hiesiger Papiermühle dem Waschwerke angehänget ist.

Fig. 1. Vorstellung, wie die Waschmaschine bey verschlossenem Deckel beweget und umgetrieben wird.

A. Die Waschmaschine, wie sie sowohl unten im Brete, als oben durch zwey eiserne Bande befestiget ist, und die Zähne der Scheere in den Trilling eingreifen.

a. a. der Zober.

b. b. das Bret, so in das Pflaster eingeleget und also ausgeschnitten ist, daß der Zober genau einpasset.

c. c. die Keile, die zu mehrerer Befestigung zwischen dem Zober und Ausschnitte des Bretes geschlagen werden.

d. d. der Trilling, so hier die Stelle des sonstigen Armes am Waschwerke vertritt.

e. e. Zwey eiserne Bände, welche über den obern Theil des Waschwerkes gestecket, und auf diese Weise das Waschwerk in gerader Linie erhalten wird.

f. f. der eiserne und fest gemachte Ring am obersten Theile des Waschwerkes mit seinem auslaufenden Stäbgen, welchem der Strick zum Aufziehen angeknüpfet wird.

g. h. i. k. die Scheere, daran die eine Stange i. dem Querbalken eingelassen und mit einem Keile k. fest gemacht ist; die andere Stange g. aber oben irgendwo so eingelassen ist, daß sie vermittelst des Flockes h. beweglich bleibt.

g. die eine bewegliche Stange der Scheere.

h. der obere Flock dieser Stange.

i. die zweyte und oben befestigte Stange.

k. der Keil dieser Befestignng.

l. die Querstange mit ihren Zähnen.

Anmerkung. Da, wo diese Querstange in der Stange h eingelassen ist, muß der Flock, so in dem Kupferstiche weggelassen worden ist, einen Grif haben, weil das Ausziehen und Einstecken desselben die Querstange zu jedesmaligem Gebrauche dem Trillinge nähert oder von ihm entfernet.

m. die Pumpe, oder Schöpfbrunnen.

n. die Verbindung der Pumpe mit dem großen Querbalken.

o. o. o. der Querbalken selbst.

p. der Arm, vermöge dessen die Stange

q, der Kurbe

r, angehänget, und dieselbe mit dem Kammrade

s des Holländers verbunden ist.

Fig. II. B. Vorstellung, wie das Waschwerk aufgehänget, und der Zober neben dem Ausschnitte des Bretes stehet.

a. a. der Zober selbst.

b. b. b. b. das Bret mit seinem Ausschnitte.

c. der Ausschnitt des Bretes.

d. e. f. g. h. i. das aufgezogene Waschwerk.

d. der Trilling des Waschwerkes.

e. der obere erste Ring mit seinem Stäbgen.

f. f. f. der Ring des Aufzuges.

g. die obere Rolle, über welche der Strick läufet.

h. der Haaken, in welchem der Strick unten eingehänget wird.

i. der lederne Ring, so dem Knippel angestecket ist.

Zwey-

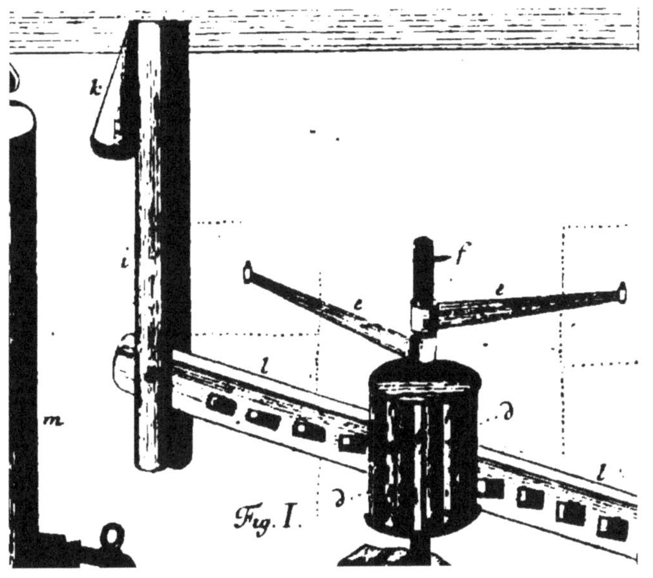

Fig. I.

Zweyte Tafel.

Fig. I. Vorstellung der doppelten Waschmaschine; und wie zugleich das Waschwerk durch ein Gewicht auf die leichteste Art aufgehoben und niedergelassen werden kann.

a. a. der durchsichtig vorgestellte Zober.

b. b. der Zoberdeckel.

c. das fest eingeleimte Stäbgen, wodurch das schädliche Niederlassen des Waschwerkes bis auf den Boden des Zobers gehindert und unmöglich gemacht wird.

d. der kupferne oder meßingene Ring, der um die Scheibe des Waschwerkes, zur beständigen Befestigung der Knippel, angeleget werden muß.

e. der Ring, so in die Walze des Waschwerkes eingeschraubet, und in welchen der Haaken des Strickes zum Aufziehen eingehänget, sodann aber wieder ausgehangen wird.

f. der Strick des Zugwerkes.

g g. Zwey Rollen, über welche der Strick laufet.

h. das Gegengewicht des ganzen Waschwerkes, von der genauesten gleichen Schwere desselben.

i. die vier der innern Wand des Zobers angeschraubten halbrunden Stäbe oder die Wiederschläge.

Fig. II. Die doppelte Waschmaschine im Grundrisse und Durchschnitte.

a. a. der Grundriß des Bodens.

b. b. die Wiederschläge im Grunde und Durchschnitte.

c. c. c. Durchschnitt des Zobers.

d. der Flock zum Deckel.

e. e. die

e. e. die zwey eiserne Schrauben mit ihren Köpfen, wodurch die Wiederschläge angemachet sind, und die nur halb durchgehen.

Fig. III. Der dreyfüßige Untersatz.

Fig. IV. Vorstellung der obgedachten Abänderung der Waschmaschine zur leichten Behandlung des Waschwerkes.

a. a. der Zober.

b.* b.* der in Zober festeingefalzte äussere Theil des Deckels.

b. b. die dem innern und beweglichen Theile des Deckels fest angemachte, dem andern festen äußern Theile des Deckels aber blos aufliegende und bewegliche, Querleiste.

c. c. der erstgedachte innere und bewegliche Theil des Deckels.

d. d. die mit einem Stöpsel verschlossene Oefnung des Deckels, zum Ausgießen des Wassers.

Fig. V. Der Regensburgische Maasstab.

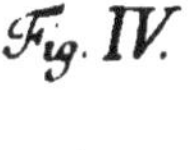

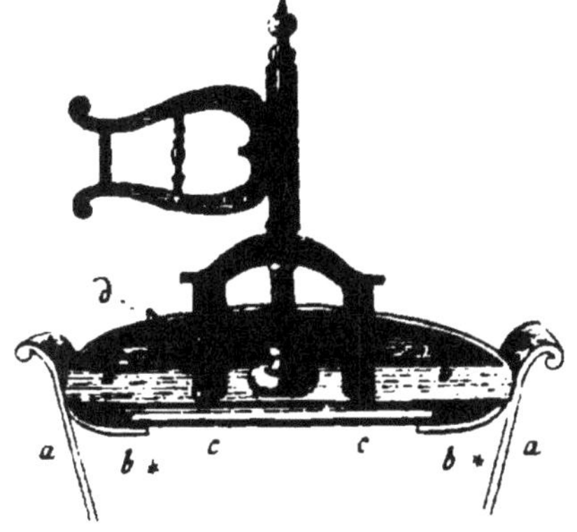

Fig. V.